HR精英这样用Excel

神龙工作室 _ 编著

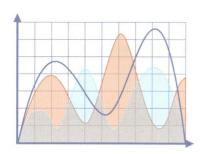

人民邮电出版社
北京

图书在版编目（CIP）数据

HR精英这样用Excel / 神龙工作室编著. -- 北京：人民邮电出版社，2023.4
 ISBN 978-7-115-56253-1

Ⅰ. ①H… Ⅱ. ①神… Ⅲ. ①表处理软件－应用－人力资源管理 Ⅳ. ①F243-39

中国版本图书馆CIP数据核字(2021)第056822号

内 容 提 要

本书以帮助 HR 建立数据化思维、提升数据分析能力为核心，讲解 HR 在人力资源工作中应该如何正确使用 Excel。

全书分为 4 篇，共 14 章。认知篇介绍优秀 HR 应具备的数据化思维；技巧篇介绍 HR 应掌握的 Excel 使用技巧，包括录入数据、批量整理人力资源数据、快速统计员工绩效、运用 Excel 和 Word 提高工作效率等；应用篇介绍人力资源数据处理和分析，包括员工信息查询、招聘进度统计、培训成绩分析、薪酬计算、人事信息多角度统计等；提高篇主要介绍如何制作分析报告。

本书内容丰富、图文并茂、难易程度适中，适合从事人力资源工作的职场人士阅读，也可作为各类院校相关专业或者企业培训的教学参考书。

◆ 编　著　神龙工作室
　　责任编辑　马雪伶
　　责任印制　胡　南

◆ 人民邮电出版社出版发行　北京市丰台区成寿寺路 11 号
　邮编　100164　电子邮件　315@ptpress.com.cn
　网址　https://www.ptpress.com.cn
　天津图文方嘉印刷有限公司印刷

◆ 开本：700×1000　1/16
　印张：17　　　　　　　　2023 年 4 月第 1 版
　字数：351 千字　　　　　 2023 年 4 月天津第 1 次印刷

定价：89.90 元

读者服务热线：(010)81055410　印装质量热线：(010)81055316
反盗版热线：(010)81055315
广告经营许可证：京东市监广登字 20170147 号

前言

HR的日常工作之一就是处理大量的人力资源数据，如员工信息、考勤记录、薪资……Excel对HR的重要性毋庸置疑。能快速制作一张条理清晰且内容设置合理的表格，是HR工作能力的体现。对于HR来说，熟练使用Excel能提高工作效率，减少加班时间。

HR用数据说话，会使沟通更顺畅。例如，和同事沟通时，HR提出"应该增加技术人员的数量"，同事问HR的判断依据是什么，这时HR是说"我觉得应该是这样"，还是拿出早已准备好的数据，有理有据地说出观点？很明显后者更容易让HR获得同事的认可。由此可见，HR将数据作为自己行动、决策的依据，可以让沟通更顺畅。

又如，和领导沟通时，HR拿着十几页的薪资结构调整说明，从岗位工资说到绩效考核，却让领导抓不住重点，更重要的是，领导不一定有那么多时间听你说——决策者更喜欢清晰可判断的数据、直观可视化的图表。"数据＋图表"的形式既专业又有说服力。

由此可见，在数字化时代，HR的工作不再是简单地招聘新人、记录考勤、发放工资。HR要建立数据化思维，增强数据分析能力，熟练使用Excel，以提高工作效率。

为什么选择本书？

市面上的Excel工具书很多，但是针对人力资源日常工作需求、专门为HR编写的书很少，能帮助HR建立数据化思维、提升数据分析能力的就更少了。本书内容正是基于HR的需求设置，力求帮助HR从烦琐的重复劳动中解脱出来。本书具有以下特点。

√ 本书分为4篇，从认知、技巧、应用、提高4个方面介绍Excel应用，帮助HR在解决实际工作问题的同时建立数据化思维。

√ 本书既有工作思路的讲解，又有实操步骤的介绍，还有很多关于职场经验、疑难问题的贴心提示，让HR看得懂，学得会，用得上！

√ 本书内容全面，基本涵盖了人力资源工作的方方面面。高效工作，一本就够。

√ 本书第 14 章介绍了绩效考核分析看板的制作，解锁相关技能，你将成为更专业、更有说服力的 HR。

√ 本书的配套教学视频与书中内容紧密结合，读者可以扫描下方的二维码，在手机等移动终端上观看视频，随时随地学习。

免费资源如何获取？

本书附赠内容丰富的办公资源大礼包，包括 Office 应用技巧电子书、精美的 PPT 模板、Excel 函数应用电子书等。扫描下方的二维码，关注"Office 办公达人之路"，回复"56253"即可获取资源的下载方式。

由于作者能力有限，书中难免有疏漏和不妥之处，敬请读者批评指正。若读者在阅读过程中产生疑问或者有任何建议，可以发送电子邮件至 maxueling@ptpress.com.cn。

目录

认知篇
优秀HR具备的数据化思维

第1章 HR做得好，数据化思维很重要

1.1 为什么具备数据化思维很重要 ········· 3
1.2 了解规则，事半功倍——规范化收集数据 ········· 4
1.3 磨刀不误砍柴工——批量化整理数据 ········· 5
1.4 透过现象看本质——多维度分析数据 ········· 7
1.5 直观的展示——可视化输出数据 ········· 8

第2章 体现数据化思维的两类表：原始数据表与报表

2.1 搞明白表格的两种功能：存储数据和计算汇总 ········· 10
2.2 原始数据表是基础，夯实基础很重要 ········· 10
    2.2.1 数据不规范，加班都救不了你 ········· 10
    2.2.2 规范建表，避免掉进加班"深坑" ········· 15
    2.2.3 用好参数表，省时省力又准确 ········· 19
2.3 选对方法，再也不必为报表制作忙得焦头烂额 ········· 20

技巧篇
HR应掌握的Excel使用技巧

第3章 录入数据，快速、准确有绝招

3.1 批量生成序号或编号 ········· 25
3.2 输入序号"001" ········· 27
3.3 批量生成随行号变化的编号 ········· 30
3.4 正确输入银行卡卡号 ········· 32

3.5 让日期统一显示为"yyyy/mm/dd"格式 ·· 33

3.6 手机号码必须输入11位 ··· 36

3.7 圈释无效数据 ·· 39

3.8 分段显示手机号码 ·· 40

3.9 "学历""部门"等信息你只需选择 ·· 40

3.10 输入姓名时，自动检测是否有重复 ··· 42

第4章 批量整理，让人力资源数据规范化

4.1 将统计信息中的姓名和手机号码分离 ·· 45

  4.1.1 使用分列工具进行分列 ·· 45

  4.1.2 使用快速填充功能进行分列 ·· 50

4.2 批量清洗格式不规范的日期 ·· 52

  4.2.1 使用查找和替换功能清洗格式不规范的日期 ······························· 52

  4.2.2 使用分列工具清洗格式不规范的日期 ·· 54

4.3 批量清洗不规范数据 ·· 56

4.4 从身份证号中提取出生日期、计算年龄等 ·· 59

  4.4.1 批量提取出生日期 ·· 59

  4.4.2 批量计算年龄 ·· 64

  4.4.3 判断性别 ··· 66

4.5 批量拆分招聘一览表中的合并单元格 ·· 68

4.6 删除从不同网站收集的重复简历 ·· 74

  4.6.1 单条件删除重复值 ·· 74

  4.6.2 多条件删除重复值 ·· 77

4.7 批量删除绩效考核表中的空行、空列 ·· 79

  4.7.1 批量删除空行 ·· 80

4.7.2 批量删除空列 83

4.8 批量复制培训成绩表中的可见单元格 87

4.9 将所有员工的基本工资上调300元 89

第5章 按不同需求，快速统计员工绩效

5.1 将不同部门的绩效考核数据合并到一张表中 93

5.2 将一个季度的绩效考核数据合并到一张表中 99

5.3 将员工绩效按部门拆分到不同的表 104

第6章 Excel+Word，提高HR的工作效率

6.1 Excel+Word，批量生成台卡标签 109

6.2 巧用Word实现行多列少的多栏打印 112

6.3 Excel能分列，Word助力来分行 114

应用篇
人力资源数据处理和分析，游刃有余

第7章 员工信息查询

7.1 通过输入员工姓名来查询员工信息 120

7.2 设置员工生日提醒 122

7.3 员工入职、离职异动关联查询 128

第8章 招聘进度统计

8.1 计算各岗位不同招聘阶段的简历转化率 133

8.2 计算各部门的招聘完成率 135

8.3 一眼看出各岗位的实时招聘进度 136

第9章 培训成绩分析

9.1 员工培训情况筛选 …………………………………………………………… 142

9.2 计算各岗位培训成绩合格率 ………………………………………………… 146

9.3 成绩合格率按部门排序 ……………………………………………………… 148

第10章 薪酬计算

10.1 统计基本工资和岗位工资 …………………………………………………… 153

10.2 核算绩效工资 ………………………………………………………………… 156

    10.2.1 划分绩效等级 ………………………………………………………… 156

    10.2.2 根据绩效等级引用绩效工资 ………………………………………… 161

10.3 核算提成工资 ………………………………………………………………… 163

10.4 核算考勤工资 ………………………………………………………………… 167

    10.4.1 计算应出勤天数 ……………………………………………………… 167

    10.4.2 计算考勤扣款 ………………………………………………………… 171

    10.4.3 计算加班工资 ………………………………………………………… 175

    10.4.4 计算全勤奖 …………………………………………………………… 176

10.5 核算社保代扣费用 …………………………………………………………… 177

    10.5.1 确定社保基数 ………………………………………………………… 177

    10.5.2 计算社保代扣费用 …………………………………………………… 183

10.6 核算个人所得税 ……………………………………………………………… 184

10.7 公式错误排查技巧 …………………………………………………………… 187

    10.7.1 公式错误常见类型 …………………………………………………… 187

    10.7.2 找到公式错误的根源 ………………………………………………… 189

10.8 函数记不住怎么办 …………………………………………………………… 190

第11章 人事信息多角度统计

11.1 快速统计在职员工人数 ······ 193

11.2 按部门快速查看在职员工人数的统计结果 ······ 197

11.3 填写在职员工结构表 ······ 199

11.4 统计各部门当月人数变化 ······ 205

提高篇
分析报告，体现HR价值

第12章 HR如何体现价值

12.1 了解公司组织架构，明确人力资源分析方向 ······ 210

    12.1.1 了解公司组织架构 ······ 210

    12.1.2 明确分析方向 ······ 213

12.2 常用的分析思路 ······ 214

12.3 站在领导角度分析，指出问题，提出建议 ······ 217

12.4 美化分析报告，提升展示效果 ······ 219

第13章 经典分析图表制作

13.1 让数据报告更直观的可视化工具 ······ 222

13.2 图表的制作方法 ······ 225

13.3 图表制作与美化实战 ······ 228

    13.3.1 柱形图 ······ 228

    13.3.2 圆环图 ······ 231

    13.3.3 组合图 ······ 233

第14章 绩效考核分析看板制作

14.1 确定分析指标及数据看板结构……………………………………………… 238

14.2 确定绩效考核的有效人数……………………………………………………… 238

14.3 展示绩效考核的合格率………………………………………………………… 243

    14.3.1 计算绩效考核的合格率…………………………………………………243

    14.3.2 使用仪表盘展示绩效考核的合格率……………………………………244

14.4 展示整体的绩效等级分布情况………………………………………………… 252

14.5 分析不同部门的绩效等级分布情况…………………………………………… 255

认知篇

优秀HR具备的数据化思维

HR工作任务繁重，有没完没了的数据和表格需要处理，Excel本应该大显神威，可是仍然有大量HR受困于Excel，痛苦不堪，这是为什么呢？究其原因，这些HR掌握的Excel技能不足。更可怕的是，HR在一开始就将表格做错了，做了大量重复的、低级的操作还不自知。HR要想不加班，不仅要提升Excel技能，更要改变建表、用表的思维。

第 1 章

HR 做得好，数据化思维很重要

- HR 具备数据化思维很重要
- 规范化收集数据
- 批量化整理数据
- 多维度分析数据
- 可视化输出数据

第 1 章 HR做得好，数据化思维很重要

我们在日常工作中除了跟人打交道，还会接触很多数据，如每个月的考勤记录、员工工资等，这些数据应规范、准确地进行记录。有时我们还需要根据领导或者某个部门的需要向其提供一些统计分析数据，如工资分析、员工构成等，这就需要我们具备一定的数据统计分析及数据可视化的能力。

本书以建立数据化思维为主线，介绍 HR 在员工信息管理、考勤管理、薪酬管理、招聘管理等工作中应具备的 Excel 技能。

1.1 为什么具备数据化思维很重要

数据化思维简单来说就是用数据来描述问题、解决问题的一种思维方式。

作为企业的核心部门，人力资源部门公布的任何一项措施都可能会影响到其他部门的运作，所以人力资源部门要用数据化的思维方式，在做决策之前先做好收集数据、整理数据、分析数据的工作，然后根据分析结果来综合考量人力资源措施，否则可能会让企业面临相关困境，阻碍企业未来的可持续发展。

例如，某企业由于市场份额的增加，现在的产能已不能满足市场需求，因此决定增加一条生产线来增加产量。增加生产线就意味着要招聘新的操作人员，以满足新生产线对操作人员的需求。

招聘显然是 HR 的工作，但是 HR 不能直接凭感觉去招聘，而是需要通过数据化思维，综合衡量招聘工作对各部门的影响。这就需要 HR 根据当前的招聘需求，确定招聘渠道、招聘人数、招聘时间等。为了让整个招聘工作的流程更清晰，可以建立一个模型，如 5W2H 模型。

模型创建好之后，就可以通过模型明确需要收集的数据。例如要确定招聘渠道，就需要收集以往各渠道的招聘数据，分析不同渠道的招聘效率、招聘转换率及人均成本等，最终确定一个或多个招聘渠道。这样，既能按时按量地完成招聘任务，又能使招聘成本最小化。

在人力资源工作中，HR 的数据化思维具体表现为以下流程。

为了让这个流程变得简单高效，接下来介绍 HR 在上述流程各环节需要掌握的方法和技巧。

1.2 了解规则，事半功倍——规范化收集数据

作为 HR，每个月都要填报很多表格，只是数据不同而已。

你是不是有如下经历？

每个月都要复制一张工资表，修改公式，重新计算员工工资。

将各部门的绩效考核数据汇总到一张表里，每次都要反复粘贴数据，最后得出的结果是否正确，心里都没有底。

在职人员的岗位结构分析结果出来了,想要从年龄段的角度进行分析,却需要再次从头开始统计计算。

…… ……

出现这些问题的主要原因是数据不够规范。在人力资源工作中,HR 收集的数据大多数是以后用来做汇总统计的。

要想在汇总数据表时"偷懒",在收集数据时必须做好两件事。

① 原始数据表的结构设定要规范(规律有序),其实就是要规范建表。关于如何规范建表,可以参考本书 2.2 节。

② 录入数据的过程中,尽量使用一些技巧来对录入的数据加以限定,这样可以提高录入效率和准确率。例如,在录入日期时,提前设置单元格的数字格式,避免输入格式不规范的日期。

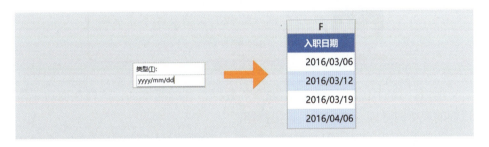

只要做到这两点,再多的表格汇总也不怕。想了解更多规范化录入数据的方法,可以参考本书第 3 章。

1.3 磨刀不误砍柴工——批量化整理数据

在实际工作中,HR 的原始数据表的来源并不只是自己,更多的来源是系统或其他部门。你永远无法料到,自己究竟会碰到多么糟糕的数据表。

例如,由于很多员工更换手机号码,HR 需要更新员工信息表中的手机号码。但是各部门提供的员工信息表的格式乱七八糟,如下页图所示。

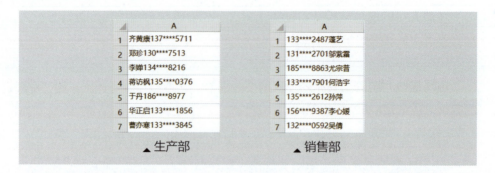

▲ 生产部　　　　　　　　　▲ 销售部

在生产部和销售部提供的员工信息表中，手机号码和姓名被填在同一个单元格里，而且姓名和手机号码的排列顺序不相同，若一个一个地对单元格进行拆分，恐怕又得加班了！

别人给我的表格，还不止这些"坑"呢！怎么办？

所以，我们还是得踏踏实实地修炼数据整理的基本功，这样在面对千奇百怪的表格时才能灵活应对，见招拆招。

为了让整理加工过程变得简单高效，可以使用快速填充、分列、查找和替换等技巧。更多整理数据的技巧，可参考本书第 4 章。

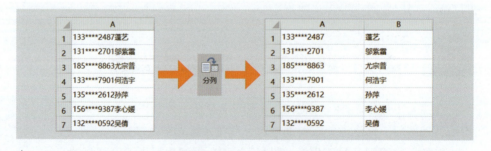

人力资源工作与 Excel 密切关联，HR 只有掌握正确的 Excel 使用方法，才能大大提高工作效率！

1.4 透过现象看本质——多维度分析数据

"横看成岭侧成峰",我们如果从不同角度看问题,往往就会得到不同的结果。在对人力资源数据进行分析时,同样的数据从不同的维度进行分析可能会得到不同的结果,同时可以使人更加全面和清楚地认识到问题的本质。

例如,对公司的人员结构进行分析。从学历维度进行分析,如果发现大学专科和高中学历的人员占比较大,这说明公司整体的学历水平是偏低的。从年龄维度进行分析,如果发现41~50岁的人员占比较大,则说明公司的人员结构趋于老龄化。

计数项:员工编号	学历					
年龄	初中及以下	大学本科	大学专科	高中	研究生	总计
21-30			5	6	2	13
31-40		4	19	25	2	50
41-50	8	4	21	7		40
51-60			1	1		3
总计	8	9	46	39	4	106

数据透视表是一款综合型的数据分析工具,可用于分类汇总、计算平均数、计算百分比、分段分组统计、排序筛选……它能够对数据进行多维度分析,就像搭积木一样简单轻松。更多关于数据透视表的内容,请参考本书第11章。

学会了多维度分析,不愁领导不给加薪!

1.5 直观的展示——可视化输出数据

可视化输出数据是指将数据信息用恰当的图表展示出来。从图表中读取信息，比直接阅读纯文字更直观。

下图所示为某公司某月的员工流动情况统计表。

部门 人数	开发部	销售部	人事部	财务部	设计部	运营部	总计
离职人数	3	10	1	6	2	12	34
入职人数	10	5	3	4	3	10	35
原有人数	82	50	10	10	8	50	210
现有人数	89	45	12	8	9	48	211

如果将上图中的数据转换为右图所示的图表，就可以一眼看出运营部的离职人数是最多的，人事部的离职人数是最少的。

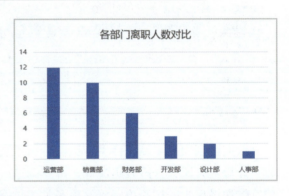

读者可以通过本书第 13 章系统学习图表的制作技法，用专业、精美的图表展现数据分析结果，提高数据分析结果的可读性。

本章内容小结

通过对本章内容的学习，我们了解了数据化思维的重要性，以及使用数据化思维收集和处理数据的流程。读者在工作中善用数据化思维，可以大大地提高工作效率。

第 2 章

体现数据化思维的两类表：原始数据表与报表

- 表格有哪两种功能？
- 怎样才能做好原始数据表？
- 还在为报表制作忙得焦头烂额？

在第 1 章中，我们已经强调了具备数据化思维的重要性。本章将讲解 HR 应该如何将数据化思维运用于人力资源工作相关的表格中。

2.1 搞明白表格的两种功能：存储数据和计算汇总

提到表格的功能，多数 HR 想到的都是存储数据，实际上表格还有一种功能——计算汇总。

根据表格的两种功能，人力资源工作中用到的表格可以分为两类：原始数据表和报表。用于存储数据的表格通常称为原始数据表，而那些对原始数据表进行计算汇总得到的表称为报表。

2.2 原始数据表是基础，夯实基础很重要

通过原始数据表与报表的关系可以看出：原始数据表是报表的基础，只有规范、准确地录入原始数据，才能更高效、准确地生成报表。

2.2.1 数据不规范，加班都救不了你

下面我们一起来看看人力资源工作中常见的数据不规范的问题，尽可能在自己的工作中避免出现这些问题。

 乱用空格

很多 HR 在录入员工信息时，习惯在姓名中间添加空格，目的是让不同字数的姓名两端对齐，如下图所示。

	A	B	C	D	E	F	G
1	序号	姓名	性别	部门	职务	入职日期	工龄(年)
2	SL001	齐黄康	女	人力资源部	职员	2015/5/8	4
3	SL002	陈 茂			经理	2011/3/2	9
4	SL003	耿 琳		姓名中含有空格	主管	2017/3/19	3
5	SL004	李 欣	女	人力资源部	部门主管	2016/3/2	4

这种做法会给后续的数据处理与分析带来很多麻烦。例如，HR 想要查看某个员工（如许眉）的信息，结果在查询表中输入姓名"许眉"（没有空格）后，却显示错误信息"#N/A"，即查询不到许眉的信息。

这是因为在员工基本信息表中的"许眉"二字中间是有空格的，而查找时输入的"许眉"是没有空格的，在 Excel 中它们是完全不一样的数据，这样自然就无法查询到相应的信息了。

让姓名对齐的正确做法应该是使用对齐工具，使文本在单元格中分散对齐。

格式不规范的日期

在 Excel 中,很多时候日期是需要参与计算的,输入不能被 Excel 识别的日期会给后续的计算分析带来很多麻烦。

例如在下图左侧,以"."" \ "分隔年月日或者以"号"结尾的日期格式在默认情况下都不能被 Excel 识别;而在下图右侧列示的以"-""/"分隔年月日或者以"日"结尾的日期格式,都是 Excel 可以识别的标准日期格式。

下面来看一下使用非法日期格式会给 HR 的日常工作带来哪些麻烦。

麻烦一 无法计算

在正常情况下,日期与数字之间可以进行加减计算。如果以标准日期格式输入日期,将其与数字相加减后,会得到另外一个日期;如果以非法日期格式输入日期,将其与数字相加减后,则会显示错误信息。

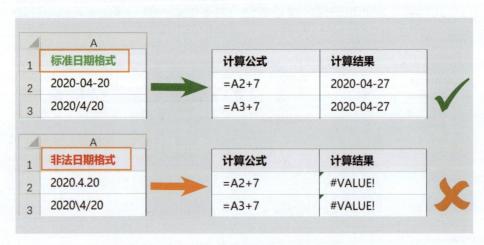

麻烦二　使用数据透视表时不能自动分组统计

在人力资源工作中，HR 常常需要使用数据透视表对一些数据按日期进行分组统计，制作相应的报表，如按年、季度、月统计制作年报、季报、月报。但是对数据按日期进行分组统计的前提是原始数据表中的日期使用的是标准日期格式，否则无法对数据按日期进行分组统计。

例如，统计每个月的入职员工人数。

▲标准日期格式能自动分组统计　　▲非法日期格式不能自动分组统计

麻烦三　无法筛选

作为一种智能化办公软件，如果输入的日期为标准日期格式，Excel 会自动对其按年、季度、月等不同时间段进行分组，而且在使用日期筛选功能时，还可以按多种时间段进行筛选。但是如果输入的日期格式不标准，那么 Excel 会将这些日期作为文本进行处理，且无法使用日期筛选功能。

HR 精英这样用

现在知道为什么要强调使用标准日期格式了吧，使用标准日期格式可以让工作更轻松。

如果表格中存在格式不规范的日期，那么该如何对这些日期进行整理呢？别着急，关于日期的批量清洗方法，在本书 4.2 节中会有详细介绍，这里只要了解格式不规范的日期可能会给工作带来的麻烦即可。

数据混乱

在人力资源日常工作中，很多人在 Excel 中输入一些文字信息时，多字、漏字、有错别字的情况时有发生。在一张表格中，同一个部门可能会出现多种叫法，如右图所示。

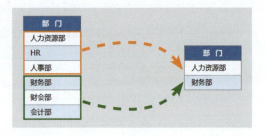

在 Excel 中，只有值完全一致的数据才会被当作一个数据处理。如果出现值不一致的情况，在对数据进行汇总统计的时候，Excel 会将它们识别为多个数据分别进行统计。

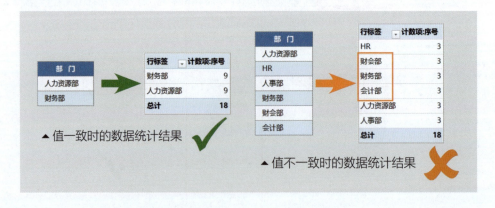

▲ 值一致时的数据统计结果 ✓

▲ 值不一致时的数据统计结果 ✗

本小节只是简单介绍了几种不规范的数据录入行为，重点在于说明这些行为可能会给后续工作带来麻烦，让读者能够意识到这些问题的严重性。

2.2.2 规范建表，避免掉进加班"深坑"

如何才能创建出规范的原始数据表呢？笔者总结了5项原则，供HR参考。

原则 1　使用单行表头

众所周知，人力资源工作相对来说是比较烦琐复杂的，因此很多HR会将工作分成多个部分，在建立原始数据表时也会习惯性地将标题先分组，然后再细分标题，这样就会形成多行表头。下图所示的工资表就使用了两行表头。

原始数据表存储的是最基础的数据，是给制表人自己看的，向他人传递的信息需要从原始数据表中提取、汇总，而一旦原始数据表使用了多行表头，就会影响数据的提取、汇总。

例如，在原始数据表中对数据进行分类汇总，选定汇总项时，可以发现汇总项中只显示第1行的标题，第2行的标题则不显示。

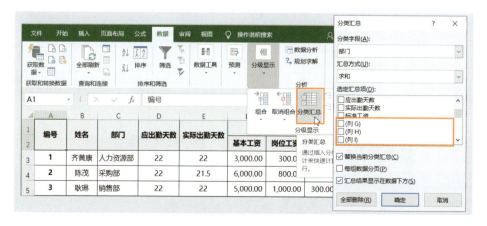

这样我们就无法分类统计各部门员工的基本工资等情况了。因此，原始数据表是不能使用多行表头的。

原则 2　不要合并单元格

合并单元格在 Excel 中的应用十分广泛，很多 HR 在原始数据表中输入数据时，为了减少输入，经常会习惯性地将内容相同的单元格合并。

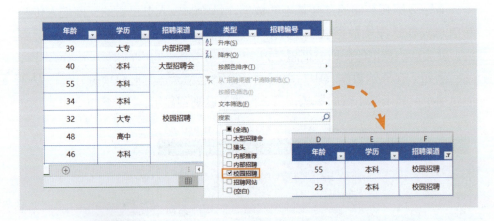

这样的操作虽然可以带来一时的方便，但也会带来很多的麻烦。例如，合并单元格会影响数据筛选的结果。

合并单元格后，数据默认只保存在合并单元格区域左上角的单元格，因此进行筛选时，也只能筛选到合并单元格区域左上角的单元格。

原则 3　无空行空列

在人力资源工作中，HR 除了会使用多行表头、合并单元格来分隔相似的数据区域外，还会用空行或空列来分隔数据区域。

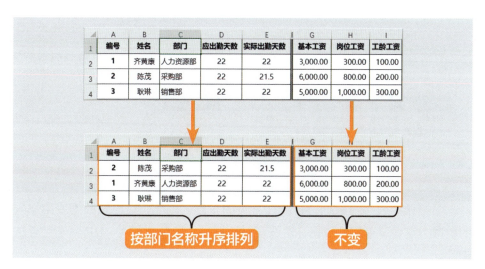

虽然有时候使用空行或空列将不同的数据区域隔开，会更方便阅读，但这会为后续的数据处理与分析带来麻烦。例如，这会影响数据排序的结果。

由上图可以看出，对于有空列的表格，在进行排序时，只对选中的单元格所在的数据区域或指定排序的表头所在的数据区域有效，其他被空列隔开的数据区域中内容的排列顺序并没有同步变化。

原则 4　使用单属性数据

多属性数据是比较常见的，例如将合同签订的起止日期填写在同一个单元格中。

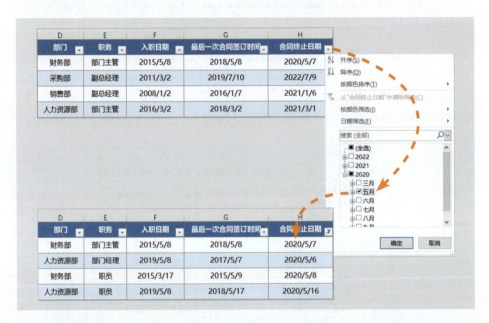

为什么要将起止日期填写在两个单元格中呢？当 HR 要统计合同即将到期的人员时，只需要对合同终止日期进行筛选就可以了。

原始数据表是对数据进行统计分析的基础，因此，在原始数据表中录入的数据一定要是单属性数据，这样在对数据进行统计分析时，HR 才不会手忙脚乱。

原则 5　数字格式要准确

只要使用 Excel 表格就会涉及单元格的数字格式。不同数字格式的数据可参与的运算类型不同，例如数值格式的数据可以参与求和运算，但是文本格式的数据不可以。

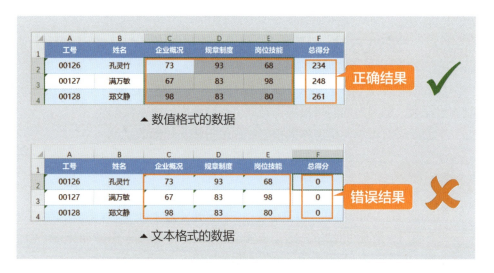

▲ 数值格式的数据

▲ 文本格式的数据

HR 制作的原始数据表中的很多数据都是需要参与计算的，因此，在输入数据时，一定要注意数据的数字格式。

2.2.3 用好参数表，省时省力又准确

通过对 2.2.2 小节内容的学习，我们学会了规范建表，接下来就是录入数据了。

在录入数据的过程中，有些内容可能需要重复录入。在重复录入数据的过程中，可能会出现数据前后不完全一致的情况，如右图所示，应聘岗位中的新媒体和新媒体编辑实际上是同一个岗位。

为了避免上述情况的发生，我们可以在录入数据之前，将需要重复录入的数据输入到一张表中，作为参数表。

参数表也是数据表的一种，主要用于存储原始数据表用到的需要重复输入的数据，如应聘岗位、招聘渠道、学历等，如右图所示。

2.3 选对方法，再也不必为报表制作忙得焦头烂额

在人力资源工作中，很多 HR 已经有规范的原始数据表，却不能快速地制作出报表，是因为他们将报表也当成了存储数据的原始数据表。

下面就来看看小龙是怎样为报表制作忙得焦头烂额的。

小龙

为了及时了解公司的人员流动情况，人力资源部每个月都需要对公司各部门的入职、离职人数进行统计。今天是 4 月 1 日，又到了小龙提交各部门人员流动报表的日子。从早上到公司，小龙就马不停蹄地汇总数据，就算这样，直到中午，小龙才勉强做完。

我们先来看看小龙是如何制作各部门人员流动报表的。

01» 小龙新建了一张工作表，并搭建好了各部门人员流动报表的框架。

部门	入职人数	离职人数
财务部		
采购部		
仓管部		
技术部		
品管部		
生产部		
销售部		
人力资源部		

02» 小龙打开员工信息表，按部门、入职时间和离职时间进行筛选。例如，筛选生产部3月入职的人，先筛选出生产部的数据，再在"入职日期"列中筛选出 2020 年 3 月的数据，然后选中"部门"列，在工作表下方查看筛选出的个数，最后将该数字填入各部门人员流动报表中。

第2章 体现数据化思维的两类表：原始数据表与报表

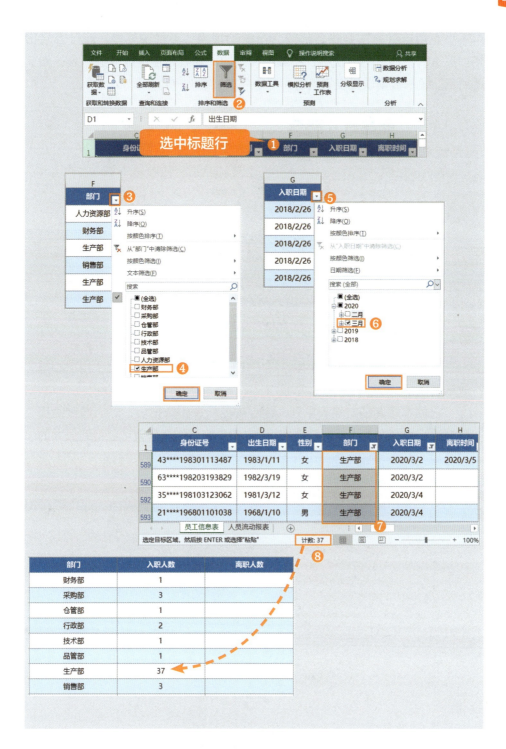

小龙用这种方法制作各部门人员流动报表,不仅速度慢,而且容易出错。那么有没有好的方法呢?答案是肯定的。那就是使用数据透视表,如下图所示。关于数据透视表的应用,可参考本书第 11 章。

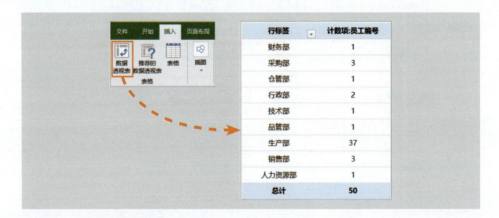

> **本章内容小结**
>
> 搞明白了表格的两种类型,然后让它们"各司其职",就不用担心报表难制作了。
>
> 根据本章介绍的建表原则,建立规范的原始数据表,然后通过使用数据透视表等方法生成所需要的报表,HR 的工作效率就可以得到很大的提高。

技巧篇

HR应掌握的Excel使用技巧

人力资源工作非常琐碎，花时间学习一些小技巧，HR就可以把自己从大量烦琐的重复操作中解放出来。有些工作需要定期进行几乎同样的操作，那么熟练掌握一些快捷操作以及关键的批量处理技术，再加上选对工具，效率的提高就会立竿见影。

第 3 章

录入数据，
快速、准确有绝招

- 还在一个一个录入编号？
- 输入的超长数据会自动"变脸"？
- 还在手动让手机号码分段显示？

通过对第 1 章和第 2 章的学习，相信读者对 Excel 在人力资源工作中应用的重要性已经有了一定的认知，但是对 Excel 在人力资源工作中的具体应用尚不熟悉。第 3 章至第 6 章将会为读者介绍 Excel 的几项重要技能。本章先介绍如何在 Excel 中快速、准确地录入数据。

批量生成序号或编号

在人力资源日常工作中，HR 需要在各项目前面添加序号。如果不会批量生成序号，就需要一个一个手动输入，这样不仅速度慢，还容易出错。

Excel 的<u>自动填充</u>功能专为批量生成各种序号而生，使用起来简单又便捷。

🖱 拖曳法：拖到哪里就填充到哪里

选中单元格后，在单元格的右下角会出现一个小方块，叫作填充柄。只要拖曳填充柄，就能快速生成有规律的序号。具体操作步骤如下。

01» 打开本实例的原始文件，在单元格 A2 中输入序号"1"，然后选中单元格 A2，在单元格 A2 的右下角会出现填充柄，将鼠标指针移动到填充柄上，鼠标指针会变成黑色十字形状，按住鼠标左键不放，向下拖曳鼠标指针到合适的位置后释放鼠标左键。

HR 精英这样用 Excel

02» 在填充区域的最后一行的单元格右侧会出现一个【自动填充选项】按钮，单击该按钮，在弹出的菜单中选中【填充序列】单选钮，即可将填充区域填充为数据序列。

使用填充柄不仅能够填充连续的数字，还能生成右图所示的有规律的数字。

	A	B	C	D
1	SL001	第1章	1月	2020/5/1
2	SL002	第2章	2月	2020/5/2
3	SL003	第3章	3月	2020/5/3
4	SL004	第4章	4月	2020/5/4
5	SL005	第5章	5月	2020/5/5

使用填充柄，除了能生成这类带数字的编号，还能批量生成一些有规律的文本。

	A	B	C
1	一	甲	一月
2	二	乙	二月
3	三	丙	三月
4	四	丁	四月
5	五	戊	五月

🖱 双击法：自动填充到最后一行

当表格有成百上千行数据时，用拖曳法向下填充还是很麻烦的，此时可以采用双击法。**只要填充列相邻一列中没有空白单元格**，双击填充柄就能将当前单元格的数据向下填充到相邻一列数据区域的最后一行。

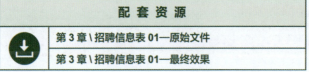

第 3 章 录入数据，快速、准确有绝招

01» 打开本实例的原始文件，在单元格 A2 中输入序号"1"，然后选中单元格 A2，在单元格 A2 的右下角会出现填充柄。

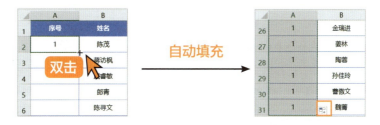

02» 将鼠标指针移动到填充柄上，双击鼠标左键，即可将当前单元格的数据向下填充，B 列从上往下连续的数据有多少行，A 列数据就填充到 B 列连续数据区域的最后一行。

03» 在填充区域的最后一行的单元格右侧会出现一个【自动填充选项】按钮，单击该按钮，在弹出的菜单中选中【填充序列】单选钮，即可将填充区域填充为数据序列。

3.2 输入序号"001"

在输入序号时，如果输入的序号的位数不同，看起来就会不整齐。对于位数不足的序号，可以在前面用"0"补齐。

28 HR 精英这样用

你可能会发现，在 Excel 中输入完整的数据（如 001）后，前面的 0 都莫名其妙地消失了。这是为什么呢？

▲ 前面的 0 会自动消失

这是因为在 Excel 中输入数据后，Excel 会对输入数据的数据类型进行判断。对于"001"，Excel 默认将其识别为数值格式，于是"自作聪明"地把前面占位用的 0 去掉了。因此，如果要输入此类数据，就不能以数值格式输入，而要换成文本格式。通常输入"001"的方法有两种。

配套资源

第 3 章 \ 招聘信息表 02—原始文件

第 3 章 \ 招聘信息表 02—最终效果

请观看视频

方法 1　设置数字格式为文本格式

01» 打开本实例的原始文件，❶选中需要输入序号的单元格区域，❷切换到【开始】选项卡，❸在【数字】组中的【数字格式】下拉列表中选择【文本】选项。

选中单元格区域

> **提示**
>
> 要了解和 Excel "说话"的方式！Excel 中绝大部分的操作都以选中对象为前提，也就是要先告诉 Excel 要对谁进行操作。选择数据时，还可以使用快捷键【Ctrl】和【Shift】。
>
> 单击一个单元格，按住【Shift】键不放，再单击另一个单元格，就能选中两个单元格之间的连续区域。而按住【Ctrl】键不放，单击其他单元格并拖曳鼠标指针则可以选中多个不连续的区域。

02» 在单元格 A2 中输入"001"，按【Enter】键，即可看到单元格 A2 中显示为"001"，并且在单元格 A2 的左上角会出现一个绿色的小三角，表示单元格 A2 中的数据是文本格式。

03» 选中单元格 A2，将鼠标指针移动到填充柄上，双击鼠标左键，即可将当前单元格中的数据填充到最后一行。因为相邻列（B 列）有数据，所以双击填充柄可以完成自动填充。

方法 2　先输入半角单引号再输入数字

先输入半角单引号（即在英文状态下输入单引号），再输入数字，按【Enter】键即可。

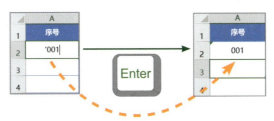

3.3 批量生成随行号变化的编号

在人力资源工作中，HR 经常需要对一张已有的表格进行增删行操作。不过在增加/删除行后，还需要手动更新编号。有没有什么方法，可以让 Excel 自动更新编号呢？这个问题我们可以借助 ROW 函数解决！

ROW 函数的功能是返回一个引用的行号。其语法格式如下。

ROW(reference)

如果省略参数 reference，则默认返回 ROW 函数所在单元格的行号。

例如，右图所示的表格中所有单元格中输入的公式都是"=ROW()"，可以看到不同单元格得到的结果都是其所在行的行号。

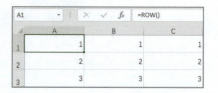

配套资源
第 3 章\招聘计划表—原始文件
第 3 章\招聘计划表—最终效果

请观看视频

01» 打开本实例的原始文件，在单元格 A2 中输入公式"=ROW()"，按【Enter】键完成输入，即可得到单元格 A2 所在的行号"2"。

此处需要从 1 开始编号，因此使用 ROW 函数得到的行号需要减去 1

02» 选中单元格 A2，在编辑栏中单击，使公式进入编辑状态，在公式后面输入"-1"，然后按【Enter】键完成输入，单元格 A2 中显示编号"1"。

03» 选中单元格 A2，将鼠标指针移动到填充柄上，当鼠标指针变成黑色十字形状时，双击鼠标左键，将公式填充到下面的单元格区域中。

04» ❶选中第 3、4 行，❷单击鼠标右键，❸在弹出的快捷菜单中选择【插入】菜单项，即可在选中行的上方插入两行空白行，空白行下方的行的编号会自动更新。

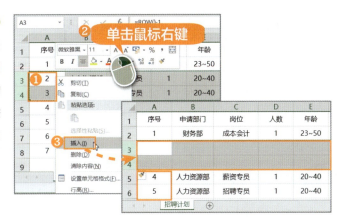

05» 将单元格 A2 中的公式向下填充到单元格 A3 和 A4 中，然后输入第 3、4 行的其他信息即可。

3.4 正确输入银行卡卡号

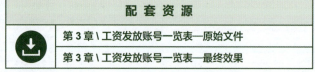

员工入职之后，需要向人力资源部提供自己的银行卡卡号，以便公司发放工资。HR 在录入员工的银行卡卡号时，经常会遇到这样的问题：输入完整的银行卡卡号后，按【Enter】键，银行卡卡号莫名其妙地变成了带"+"号的数字。

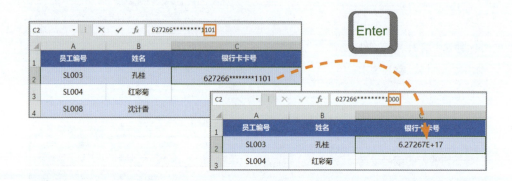

> **提示**
>
> 这个"自作聪明"的 Excel！这种带"+"号的数字并不是乱码。在 Excel 中只要输入的数字超过 11 位（11 位的数字可以正常显示），Excel 就会"自作主张"地采用科学记数法显示。
>
>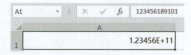
>
> 更糟糕的是，如果输入的数字超过 15 位，后面的几位数还会自动变为 0，而且变成 0 以后就再也无法将其恢复成本来的数字。

在输入银行卡卡号前,可以先输入一个半角单引号或者直接将要输入银行卡卡号的单元格的数字格式设置为文本格式。

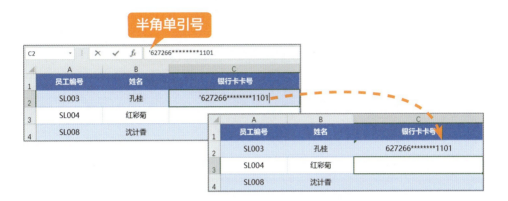

3.5 让日期统一显示为"yyyy/mm/dd"格式

日期中代表月和日的数字与 Excel 中的常规数字具有某些相同的特性,就是输入以 0 开头的数字时,系统也会默认将前面的 0 去掉。

有的 HR 认为将对应单元格的数字格式设置为文本格式就可以了。

但是将单元格的数字格式设置为文本格式后,后期将无法根据日期对数据进行统计。在下页图所示的员工信息表中,就无法按月统计入职人数。

HR 精英这样用

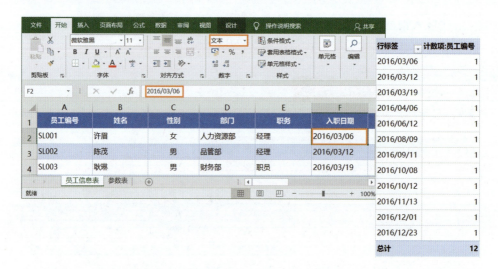

有没有两全其美的方法呢？既能让日期都显示为"yyyy/mm/dd"格式，又不影响根据日期进行统计计算。

在这种情况下，可以使用自定义数字格式，将数字格式定义为"yyyy/mm/dd"格式即可。

将单元格的数字格式设置为自定义格式的具体操作步骤如下。

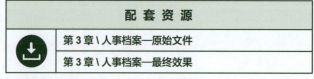

01» 打开本实例的原始文件，❶选中需要输入日期的单元格区域，❷切换到【开始】选项卡，❸单击【数字】组右下角的对话框启动器按钮 。

02» 弹出【设置单元格格式】对话框，❶切换到【数字】选项卡，❷在【分类】列表框中选择【自定义】选项，在【类型】列表框中选择一种相近的日期格式代码，❸例如选择"yyyy/m/d"，❹在【类型】文本框中将其修改为"yyyy/mm/dd"。

> **提示**
>
> ① 格式代码不需要记，通常在 Excel 内置类型里面选择一种相近的格式代码，然后在其基础之上稍做修改就可以了。
>
> ② y 是 year 的缩写，代表年；m 是 month 的缩写，代表月；d 是 day 的缩写，代表日。

03» 单击【确定】按钮，返回工作表，直接在单元格中输入日期，当月和日只有一位数时，系统会自动用 0 补齐，使其显示为"yyyy/mm/dd"格式。

3.6 手机号码必须输入11位

> **小龙**
> "您所拨打的号码是空号"，小龙仔细一看，手机号码只有 10 位数，忍不住懊恼自己为什么如此粗心，不禁又想，"这样的错误总是无法避免，我能采取什么预防措施，尽量减少填写出错呢。"

答案是使用数据验证。数据验证主要有 3 种用途：预先提醒、验证条件和出错警告。

对于手机号码这种必须是 11 位的数字，HR 就可以提前为需要输入手机号码的单元格区域设置输入前自动提醒、限定文本长度和出错警告，具体操作步骤如下。

配套资源
第 3 章 \ 人事档案 01—原始文件
第 3 章 \ 人事档案 01—最终效果

请观看视频

第 3 章 录入数据，快速、准确有绝招 37

01» 打开本实例的原始文件，❶选中需要输入手机号码的单元格区域，❷切换到【数据】选项卡，❸在【数据工具】组中单击【数据验证】按钮的上半部分。

> **提示**
> 输入前自动提醒就是当选中设置过数据验证的单元格时，单元格旁边会自动浮现提示框；而在没有选中这些单元格时，相关提示信息就不会出现，不影响对表格的阅读。

02» 弹出【数据验证】对话框，❶切换到【输入信息】选项卡，❷在【标题】文本框中输入提醒的核心内容作为标题，❸在【输入信息】文本框中输入提醒的具体内容，❹单击【确定】按钮。返回工作表，选中设置过输入信息的单元格时，单元格旁边会自动浮现提示框。

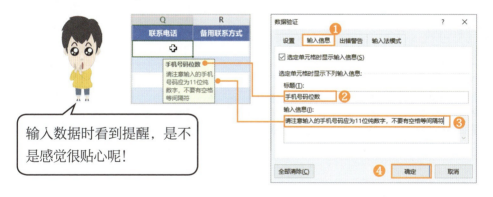

> **提示**
> 要在输错数据时让表格自动发出警告，需要预先设置验证条件，也就是输入的数据要符合验证条件，才会被允许输入。当所输入数据不符合验证条件时，系统就会发出警告。此处，手机号码只允许输入 11 位的数字，若数字位数不够、过多，系统都会发出警告。

03» 打开【数据验证】对话框,切换到【设置】选项卡,在【允许】下拉列表中选择【文本长度】选项,在【数据】下拉列表中选择【等于】选项,在【长度】文本框中输入"11"。

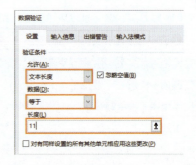

04» 在【数据验证】对话框中,切换到【出错警告】选项卡,在【样式】下拉列表中选择【停止】选项,在【标题】文本框中输入"填错啦"提醒用户填错了,在【错误信息】文本框中输入错误提醒的具体内容。

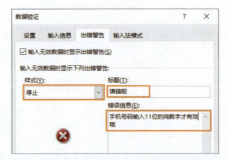

05» 单击【确定】按钮,返回工作表,当在单元格中输入位数错误的手机号码时,按【Enter】键后,系统就会弹出"填错啦"提示框,此时用户可以单击【重试】按钮,重新输入手机号码。

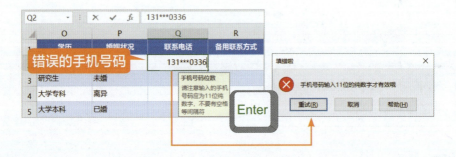

> **提示** 　　数据验证只对设置验证条件后手动输入的数据有效。而对之前已经输入的数据,以及通过复制粘贴的方式输入的数据则毫无作用。

3.7 圈释无效数据

如果需要检验已经输入的数据是否符合验证条件，可以使用**圈释无效数据**功能，实行事后验证。

01» ❶选中已经输入手机号码的数据区域，按照前面的方法，打开【数据验证】对话框，❷在【设置】选项卡中设置验证条件，❸单击【确定】按钮。

02» ❶单击【数据验证】按钮的下半部分，❷在弹出的下拉列表中选择【圈释无效数据】选项，选中区域中不符合验证条件的数据就会被圈释出来。

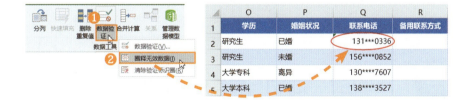

3.8 分段显示手机号码

在实际的人力资源工作中，为了提高手机号码的可读性，HR 在输入手机号码的时候，经常需要按照读取习惯用"-"将数字间隔开来，如右图所示。

手动输入"-"不仅速度慢，还容易出错。而且如果前面设置了数据验证，限定了文本长度为 11 位，直接输入"-"，系统还会报错，如右图所示，因为"-"也是一个字符，也会被算作 1 位。

此时，我们可以将单元格的数字格式设置为自定义格式"000-0000-0000"，这样既不影响数据验证的设置，又可以使手机号码分段显示。

3.9 "学历""部门"等信息你只需选择

人力资源部负责保管公司内部所有员工的档案信息，HR 需要对每一位入职人员的个人信息进行登记，登记的内容非常多，操作起来非常烦琐。

怎样才能减轻 HR 录入数据的负担呢？对于这些需要重复输入的数据，HR 可以通过数据验证将其设置成下拉列表以供选择，这样不仅能够提高输入效率，还能有效限定填写范围，确保数据规范。

第 3 章 录入数据，快速、准确有绝招　41

配 套 资 源

第 3 章 \ 人事档案 03—原始文件

第 3 章 \ 人事档案 03—最终效果

请观看视频

01» 选中需要输入部门信息的单元格区域，❶切换到【数据】选项卡，❷在【数据工具】组中单击【数据验证】按钮的上半部分，打开【数据验证】对话框。

02» 设置下拉列表的内容。切换到【设置】选项卡，在【允许】下拉列表中选择【序列】选项，在【来源】文本框中输入所有的部门名称，部门名称间用半角逗号隔开。

提示

如果序列的分类项目比较多，用户可以将分类项目单独放在一个工作表中，然后将这些分类项目所在的单元格区域作为序列的来源。

03» 设置出错警告。切换到【出错警告】选项卡，在【样式】下拉列表中选择【停止】选项，在【标题】文本框中输入"填错啦"，在【错误信息】文本框中输入提醒的具体内容。

04》设置完毕后单击【确定】按钮，返回工作表。选中"部门"列的单元格时，单元格旁边会自动浮现提示框，同时在单元格的右侧出现了一个下拉按

钮，单击该下拉按钮，弹出的下拉列表中展示了所有部门的名称，从中选择即可。

如果直接在单元格中填写，按【Enter】键确认输入时，系统就会弹出提示框，提示用户通过下拉列表填入数据。

3.10 输入姓名时，自动检测是否有重复

通常为了体现公司的人性化，在一些传统节日，公司会根据实际情况给员工发放一些福利。例如在中秋节，公司会为员工准备月饼，由人力资源部负责派发。

在发放月饼时，经常会有员工替他人代领，而被代领的员工不知道此事，从而出现一人领取两份月饼的情况，怎样才能避免这种情况发生呢？HR可以在记录领取情况时，为"领取人"列的数据设置条件格式，使重复项突出显示，如下图所示。

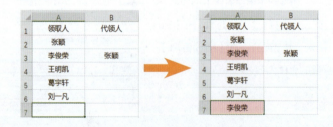

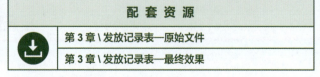

配套资源
第 3 章\发放记录表—原始文件
第 3 章\发放记录表—最终效果

请观看视频

为"领取人"列的数据设置条件格式，使重复项突出显示的具体操作步骤如下。

01» 打开本实例的原始文件，❶选中"领取人"列，❷切换到【开始】选项卡，❸在【样式】组中单击【条件格式】按钮，❹在弹出的下拉列表中选择【突出显示单元格规则】▶❺【重复值】选项。

02» 弹出【重复值】对话框，为重复值所在的单元格设置一种比较醒目的格式，例如设置为【浅红色填充】，设置完毕单击【确定】按钮。

03» 返回工作表，一旦输入的名字与之前输入过的名字重复，单元格就会被填充为浅红色，效果如右图所示。

 本章内容小结

通过对本章内容的学习，相信读者已经掌握了相关录入数据的技巧，可以解决人力资源工作中遇到的大部分数据录入的问题了。录入数据是很多工作的基础，这项工作做好了，后面的工作还会难吗？

第4章

批量整理，
让人力资源数据规范化

- 还在为拆分数据发愁？
- 还在一个一个修改格式不规范的数据？
- 还在手动提取数据？

第4章 批量整理，让人力资源数据规范化

在人力资源日常工作中，很多表并不是 HR 做的，而是接从别处获取的。这些表可能来自网络，也可能来自 EHR 系统，还可能来自同事，因此很难保证这些表中的数据都是规范的。如何快速整理各种不规范的数据就成为一大难题。本章主要介绍一些常用的批量整理数据的技巧。

4.1 将统计信息中的姓名和手机号码分离

为了便于员工之间联系，公司决定为员工申请集团号。这就需要各部门统计员工常用的手机号码，下图所示为不同部门提供给 HR 的统计表。

▲财务部　　　▲销售部　　　▲生产部

从上图中可以看出，不同部门提供的表的填写方式是不一样的，HR 要将这些表汇总到一起，真的是异常艰难。而且 HR 要提交给运营商的表格中姓名和手机号码各自为一列。怎样才能将姓名和手机号码分隔成两列呢？

在 Excel 中有多种拆分数据的方法，比较常用的就是使用分列工具和快速填充功能。

4.1.1 使用分列工具进行分列

使用分列工具进行分列分为两种方式，一种是按分隔符号进行分列，另一种是按固定宽度进行分列。

选用哪种方式，需要根据数据的特点来选择。在拆分数据之前，HR 的首要任务就是观察、分析数据要分列的位置有什么特点。

🖱 按分隔符号进行分列

以财务部提供的统计表为例，仔细观察，就会发现一个规律：姓名和手机号码之间都有一个空格。因此，Excel 能够识别空格的位置并据此分列，姓

46 HR 精英这样用

名和手机号码自然就可以分成两列了。

所以，对财务部提供的统计表可以按分隔符号进行分列。具体操作步骤如下。

配 套 资 源

第4章\财务部—原始文件

第4章\财务部—最终效果

请观看视频

01» 打开本实例的原始文件，❶单击A列的列标，选中A列，❷切换到【数据】选项卡，❸在【数据工具】组中单击【分列】按钮。

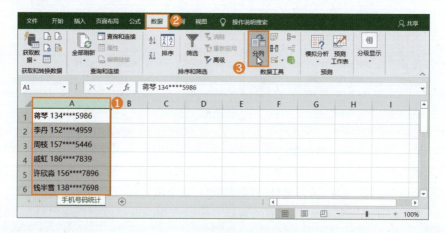

02» 弹出【文本分列向导-第1步，共3步】对话框，❶选中【分隔符号】单选钮，❷单击【下一步】按钮。

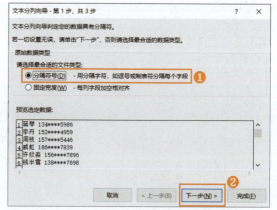

第4章 批量整理，让人力资源数据规范化

03» 进入文本分列的第2步，❶只勾选【空格】复选框，在【数据预览】文本框中可以看到分列线的位置，❷单击【下一步】按钮。

04» 进入文本分列的第3步，❶设置数据分列后存储的目标区域，默认的目标区域是选中区域的第1个单元格，即分列后覆盖原数据区域；❷设置列数据格式。此处由于原数据没有必要保留，而且分列后的数据不需要设置特殊的数据格式，因此保持默认设置。❸单击【完成】按钮。

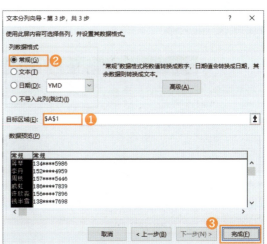

返回工作表，即可看到姓名和手机号码的分列效果。

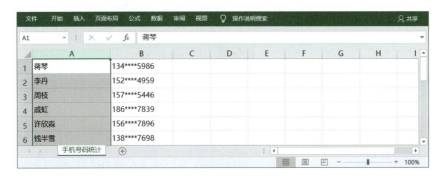

按固定宽度进行分列

接下来，我们再来将销售部提供的统计表中的姓名和手机号码分隔成两列。通过仔细观察可以看到，销售部提供的统计表中手机号码在前，姓名在后，而手机号码的长度是固定的，都是 11 位，因此可以按固定宽度进行分列。具体操作步骤如下。

配套资源
第 4 章 \ 销售部—原始文件
第 4 章 \ 销售部—最终效果

请观看视频

01» 打开本实例的原始文件，❶选中 A 列，❷切换到【数据】选项卡，❸在【数据工具】组中单击【分列】按钮。

02» 弹出【文本分列向导-第1步，共3步】对话框，❶选中【固定宽度】单选钮，❷单击【下一步】按钮。

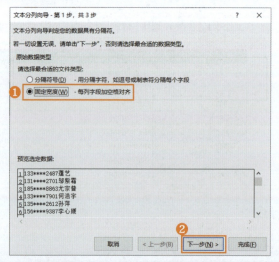

第4章 批量整理，让人力资源数据规范化 49

03» 进入文本分列的第2步，❶将鼠标指针移动到【数据预览】标尺上，放在需要分列的位置，❷单击鼠标左键，即可建立分列线，❸单击【下一步】按钮。

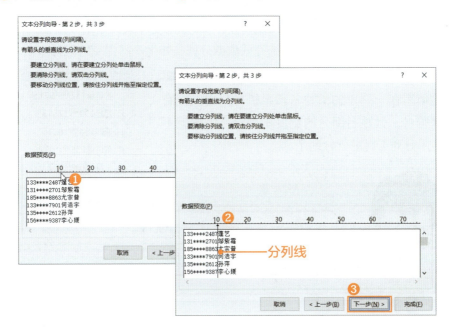

04» 进入文本分列的第3步，此处保持默认设置，单击【完成】按钮，即可完成数据分列。

	A	B
1	133****2487	蓬艺
2	131****2701	邹紫霜
3	185****8863	尤宗普
4	133****7901	何浩宇
5	135****2612	孙萍
6	156****9387	李心媛
7	132****0592	吴倩

▲ 数据分列后的效果

4.1.2 使用快速填充功能进行分列

能使用分列工具进行分列固然是好，但是分列工具仅适用于两种情况：数据有固定的分隔符或要分离出来的前一部分宽度一致。如果数据格式再复杂一点儿，使用分列工具就无法完成数据分列，如生产部提交的统计表。

在生产部提供的统计表中，姓名和手机号码也是填写在一列里的，姓名和手机号码之间没有分隔符号，且姓名部分的宽度不固定，因此就不能使用分列工具进行分列了。

分列工具用不了，难道我要一个一个拆分？

别急，除了可以使用分列工具进行数据分列外，我们还可以使用快速填充功能进行数据分列。

快速填充功能的基本原理是，先提供样本数据，然后让Excel自动识别样本数据中的规律，并填充所有剩下的数据。样本数据越多，规律识别就越精确。在数据的结构比较简单的时候，提供一个样本就够了。

配套资源
第4章\生产部—原始文件
第4章\生产部—最终效果

请观看视频

当前数据的前一部分虽然没有固定的宽度，前后两部分之间也没有固定的分隔符，但是其数据的结构相对简单，前一部分是文字，后一部分是数字。用户只需要手动拆分第1行数据，然后使用快速填充功能，Excel会根据第1行的拆分原则，对下面的数据进行拆分。具体操作步骤如下。

第4章 批量整理，让人力资源数据规范化　51

01» 打开本实例的原始文件，将单元格 A1 中的姓名和手机号码分别填写到单元格 B1 和单元格 C1 中。

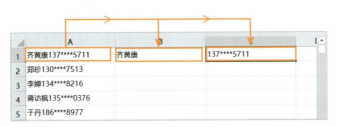

02» ❶选中要保存姓名的单元格区域，❷切换到【数据】选项卡，❸在【数据工具】组中单击【快速填充】按钮。

03» 选中区域即可自动填充为 A 列中对应的员工姓名。

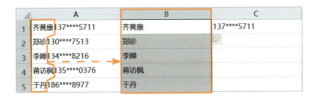

04» 除单击【快速填充】按钮外，也可以使用快捷键进行快速填充。选中要保存手机号码的单元格区域，按【Ctrl】+【E】组合键，即可将选中区域快速填充为 A 列中对应的手机号码。

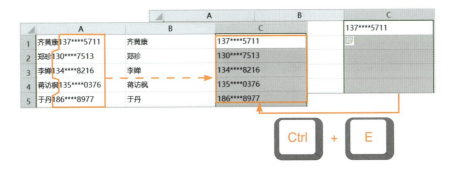

4.2 批量清洗格式不规范的日期

本书 2.2.1 小节已经介绍了格式不规范的日期会给工作带来很多麻烦。因此，HR 在实际工作中接收到带有日期的数据后，一定要先检查日期的格式是否规范，对于格式不规范的日期一定要先进行清洗，使其规范化。

如果在接收到的数据中，日期比较少，HR 可以手动一个一个更改，如果数量较多，一个一个更改就费劲了。有没有什么好的方法，可以批量清洗这些格式不规范的日期呢？

本节就来具体介绍几种批量清洗格式不规范的日期的方法。在 Excel 中常用且简单的批量清洗格式不规范的日期的方法有两种：一种是使用查找和替换功能，另一种是使用分列工具。

4.2.1 使用查找和替换功能清洗格式不规范的日期

通过对本书 2.2.1 小节的学习，我们了解到 Excel 中格式规范的日期应该是以"/"或"-"来分隔年月日的。

如果表格中有格式不规范的日期，我们可以使用 Excel 中的查找和替换功能将分隔符替换为"/"或"-"。

配套资源
- 第 4 章 \ 人事档案—原始文件
- 第 4 章 \ 人事档案—最终效果

请观看视频

在下图所示的表格中，"入职日期"和"最近一次合同签订日期"列中的日期所使用的分隔符都是"."，由于这两列中的日期格式不规范，导致使用公式计算的工龄和合同到期日期都出现了错误。

入职日期	工龄（年）	第几次签订合同	最近一次合同签订日期	合同年限	合同到期日期
2013.8.7	#VALUE!	2	2018.8.7	5	#VALUE!
2008.9.11	#VALUE!	3	2018.9.11	5	#VALUE!
2020.2.6	#VALUE!	1	2020.2.6	2	#VALUE!
2020.3.16	#VALUE!	1	2020.3.16	5	#VALUE!
2016.5.7	#VALUE!	2	2018.5.7	2	#VALUE!
2016.7.13	#VALUE!	2	2018.7.13	2	#VALUE!

第4章 批量整理，让人力资源数据规范化   53

下面使用查找和替换功能，将错误的分隔符"."替换为"/"或"-"，具体操作步骤如下。

01» 打开本实例的原始文件，❶选中F列和I列，❷切换到【开始】选项卡，❸在【编辑】组中单击【查找和选择】按钮，❹在弹出的下拉列表中选择【替换】选项。

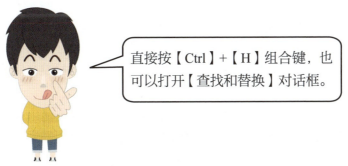

直接按【Ctrl】+【H】组合键，也可以打开【查找和替换】对话框。

02» 弹出【查找和替换】对话框，按下图所示操作。

03 » 返回工作表，即可看到选中列的日期格式已经全部修正，使用公式计算的工龄列和合同到期日期列也都显示出了正确的计算结果。

	F	G	H	I	J	K
1	入职日期	工龄（年）	第几次签订合同	最近一次合同签订日期	合同年限	合同到期日期
2	2013/8/7	6	2	2018/8/7	5	2023/8/6
3	2008/9/11	11	3	2018/9/11	5	2023/9/10
4	2020/2/6	0	1	2020/2/6	2	2022/2/5
5	2020/3/16	0	1	2020/3/16	5	2025/3/15

4.2.2 使用分列工具清洗格式不规范的日期

如果一张表由多个人编辑而成，那么由于每个人的输入习惯不同，可能会出现多种不规范的日期格式，如下图所示。

	F	G	H	I	J	K
1	入职日期	工龄（年）	第几次签订合同	最近一次合同签订日期	合同年限	合同到期日期
2	2013.8.7	#VALUE!	2	2018.8.7	5	#VALUE!
3	2008.9.11	#VALUE!	3	2018.9.11	5	#VALUE!
4	2020\2\6	#VALUE!	1	2020.2.6	2	#VALUE!
5	20200316	#NUM!	1	20200316	5	#NUM!

在上图中，有的日期使用了分隔符号"."，有的日期使用了分隔符号"\"，还有的日期没有使用任何分隔符号，而是直接使用了数值格式。使用了分隔符号的日期可以使用查找和替换功能进行清洗，但是没有使用任何分隔符号的数值格式的日期就不能使用查找和替换功能来清洗了。

碰到以上这样的情况，应该怎么办呢？难道真的要先使用查找和替换功能清洗带有分隔符号的日期，然后手动更改数值格式的日期？当然不用，这里可以使用分列工具来对格式不规范的日期进行清洗。

想不到吧？使用分列工具不仅可以对数据进行分列，还可以对数据格式进行转换，将格式不规范的日期转换为格式规范的日期。

第4章 批量整理，让人力资源数据规范化　55

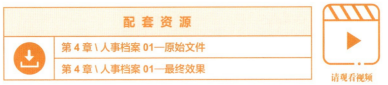

配套资源

第 4 章 \ 人事档案 01—原始文件

第 4 章 \ 人事档案 01—最终效果

请观看视频

01» 打开本实例的原始文件，❶选中 F 列，❷切换到【数据】选项卡，❸在【数据工具】组中单击【分列】按钮。

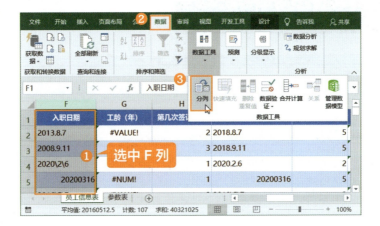

02» 弹出【文本分列向导 - 第 1 步，共 3 步】对话框，按下图所示操作。

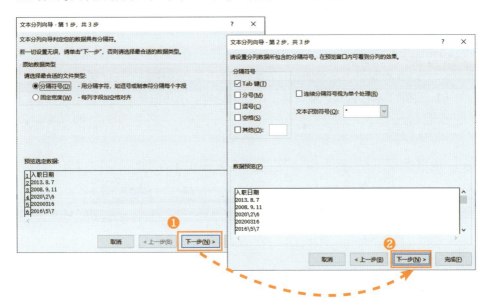

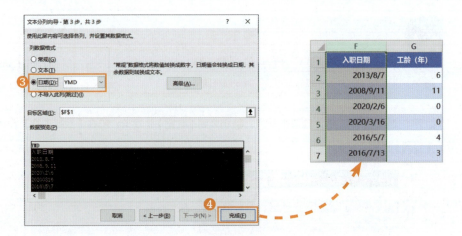

03» 用户可以按照相同的方法，将 I 列的日期批量规范化。

4.3 批量清洗不规范数据

> **小龙**
> 办公场景：小龙将新员工的培训成绩录入表中后，在计算总成绩时，使用了求和公式，却计算不出正确结果。小龙很是纳闷，这是为什么呢？

正确的公式 =SUM(C2:E2)

工号	姓名	企业概况	规章制度	岗位技能	总得分
00126	孔灵竹	73	93	68	0
00127	满万敏	67	83	98	0
00128	郑文静	98	83	80	0

错误的结果

我用的一定是假的 Excel 吧！

第4章 批量整理，让人力资源数据规范化   57

其实，这是由于 C~E 列的数据不规范造成的。我们仔细观察会看到，C~E 列单元格的左上角都有一个绿色的小三角，这说明 C~E 列的这些数据都是文本格式的，而这些绿色的小三角就是文本格式的标志。文本格式的数据在公式中是不参与求和计算的，因此当求和函数的引用区域中包含了文本格式的数据时，Excel 在计算时就会自动忽略文本格式的数据。

如何将这些文本格式的数据转换成能够使用函数进行求和计算的数据呢？下面介绍两种批量整理文本格式的数据的技巧。

使用智能标记

01» 打开本实例的原始文件，❶选中数据区域 C2:E27，在选中区域的左上角会出现一个智能标记，❷将鼠标指针移动到该标记上，可以看到提示信息。

02» 单击该智能标记，在弹出的下拉列表中选择【转换为数字】选项。

03» 操作完成后，可以看到选中区域单元格中的绿色小三角都消失了，文本格式的数据转换成了数值格式的数据，并且能计算出正确结果了。

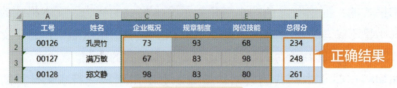

使用分列工具

使用分列工具清洗不规范数据的方法与清洗格式不规范的日期的方法相似，如下图所示。

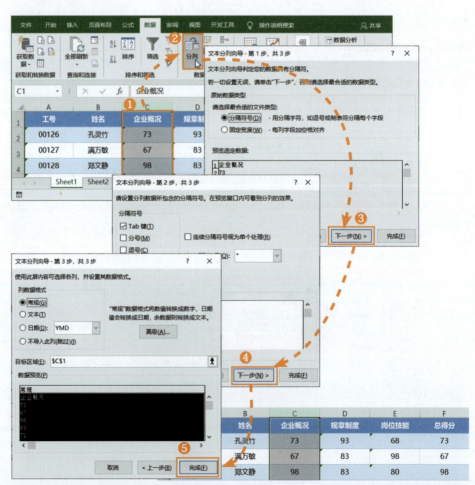

第4章 批量整理，让人力资源数据规范化 59

4.4 从身份证号中提取出生日期、计算年龄等

在 Excel 中录入数据时，有一个原则就是能引用、提取的数据尽量不重复手动录入。因为重复手动录入不仅浪费时间，而且容易出错。例如，在员工信息表中录入身份证号后，手动录入的出生日期就经常与身份证号中的出生日期不同。

4.4.1 批量提取出生日期

身份证号中是包含出生日期的，因此为了避免出错，我们可选择从身份证号中提取出生日期。

在从身份证号中提取出生日期之前，我们先来分析一下身份证号的编码规则。目前，身份证号是 18 位的，一个身份证号可以拆分为 3 部分：前 6 位为户口地址码，中间 8 位为出生日期码，后 4 位为顺次和校验码，如下表所示。

编码规则	户口地址码						出生日期码								顺次和校验码			
身份证号	2	2	※	※	※	※	1	9	8	1	0	6	1	8	4	0	2	9
数位	1	2	3	4	5	6	7	8	9	10	11	12	13	14	15	16	17	18

🖱 使用分列工具

由于身份证号的宽度是固定的，且出生日期在身份证号中的位置也是固定的，因此我们可以使用分列工具，按固定宽度对身份证号所在的列进行分列，得到出生日期。具体操作步骤如下。

配 套 资 源

第 4 章 \ 人事档案 02—原始文件
第 4 章 \ 人事档案 02—最终效果

请观看视频

01» 打开本实例的原始文件，❶选中身份证号所在的单元格区域，❷切换到【数据】选项卡，❸在【数据工具】组中单击【分列】按钮。

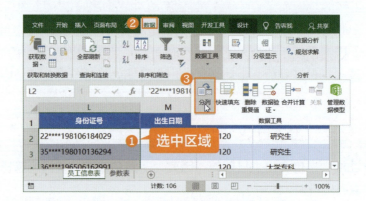

02» 弹出【文本分列向导 - 第 1 步，共 3 步】对话框，按下图所示操作。

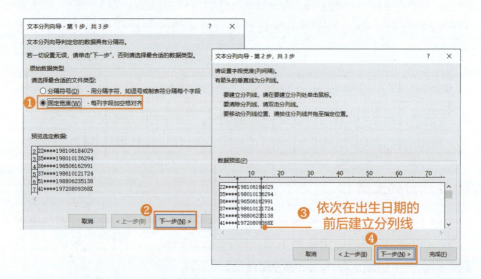

03» 进入文本分列的第 3 步，在【数据预览】中可以看到，通过上一步建立的分列线，身份证号所在的列已经被拆分为了 3 列，❶选中第 1 列，❷选中【不导入此列（跳过）】单选钮，❸选中第 3 列，❹选中【不导入此列（跳过）】单选钮。

第4章 批量整理，让人力资源数据规范化

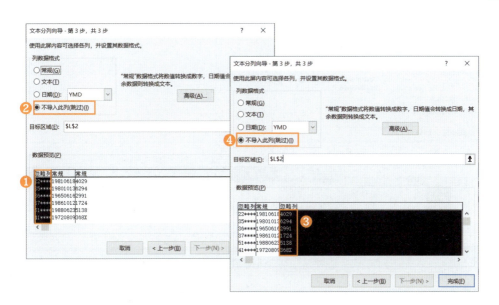

04» ❶选中第2列，❷选中【日期】单选钮，❸清除【目标区域】文本框中的内容，将光标定位到【目标区域】文本框中，❹切换到"员工信息表"，选中出生日期列的第1个单元格M2。

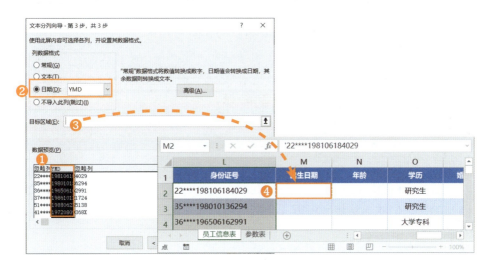

05» 单击【完成】按钮，返回工作表，可以看到出生日期已经显示在M列了。

HR 精英这样用

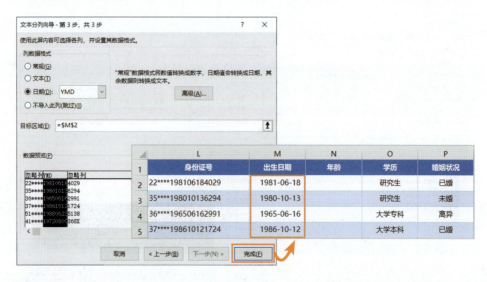

使用函数

虽然使用分列工具可以轻松地从身份证号中提取出生日期，但是一旦身份证号有错误，修改之后，则需要重新应用分列工具，才能得到正确的出生日期。有没有什么方法，可以让出生日期随着身份证号的修改而自动修改呢？当然有，那就是使用函数。

第 4 章 \ 人事档案 03—原始文件
第 4 章 \ 人事档案 03—最终效果

在 Excel 中用于提取指定字符的函数，用得比较多的就是 LEFT、RIGHT 和 MID，它们的语法极为相近。我们可以通过下表先来了解一下这 3 个函数的语法格式和含义。

函数名称	语法格式	含义
LEFT	LEFT(文本,字符数)	从左侧开始，提取指定数量的字符
RIGHT	RIGHT(文本,字符数)	从右侧开始，提取指定数量的字符
MID	MID(文本,起始位置,字符数)	从指定的起始位置开始，提取指定数量的字符

出生日期位于身份证号的中间位置，提取出生日期显然使用 MID 函数更为合适。根据身份证号的编码规则，出生日期是位于身份证号中第 7~14 位的 8 位数字。

但是通过 MID 函数提取出来的出生日期的格式不规范，它不能直接参与计算。因此，还要为其再加一个转换器——TEXT 函数，使用 TEXT 函数将其转换为标准日期格式。下面我们先来了解一下 TEXT 函数的语法格式和含义。

函数名称	语法格式	含义
TEXT	TEXT(数值 , 指定显示格式)	将数值转换为指定显示格式的文本

TEXT 函数相当于数字格式设置功能。在菜单栏中设置数字格式只能改变数据的显示形式，不会改变其内容本身，而使用 TEXT 函数是将数据的值和显示形式都改成格式参数指定的样子。此处按标准日期格式提取的出生日期可以直接参与年龄的计算。而且，当身份证号中的出生日期发生变动时，提取的出生日期也随之变动。

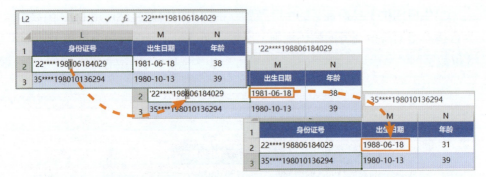

▲ 身份证号中的出生日期发生变动，提取的出生日期也随之变动

4.4.2 批量计算年龄

年龄显然是与出生日期和当前日期有关的，因此要计算年龄，首先要提取出生日期和当前日期。前面我们已经将出生日期提取出来了，那如何让 Excel 自动提取当前日期呢？

Excel 提供了一个返回当前日期的 TODAY 函数。TODAY 函数是一个实时函数，无论你什么时候打开 Excel，它都可以向你提供当前日期。其语法格式如下。

TODAY()

例如，今天是 2020 年 9 月 9 日，那么在单元格中输入"=TODAY()"，返回的结果就是"2020/9/9"，如右图所示。

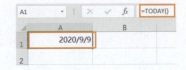

出生日期和当前日期都有了之后，接下来就可以计算年龄了，在日常工作中，不同的 HR 计算年龄的方式各不相同。例如，有的 HR 直接使用当前日期减去出生日期，再除以 365，即（当前日期－出生日期）/365。

使用这种方法是假设每年都有 365 天，计算出当前日期与出生日期的日期差后，看看这个差值包含多少个 365 天，就是多少岁。但是这里需要注意的是，由于系统自动对计算结果进行了 四舍五入，因此采用这种方法计算出的年龄并不是很准确。例如，今天的日期是 2020 年 9 月 9 日，某位员工的出生日期为 1980 年 10 月 13 日，其实际年龄应该是还不到 40 岁，但是由于系统对计算结果进行了四舍五入，因此得到的结果就会是 40 岁，如下图所示。

还有的 HR 是通过当前年份减去出生年份计算年龄的。这种计算方法的弊端是 不考虑月份，导致计算出的年龄也是不准确的。那怎样才能准确地计算出年龄呢？针对这个问题，Excel 提供了一个隐藏函数 DATEDIF。

DATEDIF 函数的主要功能：返回两个日期之间的年、月、日间隔数。其语法格式如下。

> DATEDIF(起始日期 , 结束日期 , 返回的类型)

第 3 个参数函数返回的类型，包含 "D"、"M"、"Y"、"YD"、"YM"、"MD"。

"Y"：返回日期之间的整年数。

"M"：返回日期之间的整月数。

"D"：返回日期之间的天数。

"MD"：起始日期与结束日期的同月间隔天数，忽略日期中的月份和年份。

"YD"：起始日期与结束日期的同年间隔天数，忽略日期中的年份。

"YM"：起始日期与结束日期的同年间隔月数，忽略日期中的年份。

此处，我们需要计算年龄，那么就要用 DATEDIF 函数返回两个日期之间的整年数，因此第 3 个参数应使用 "Y"。

在单元格 N2 中输入公式"=DATEDIF(M2,TODAY(),"Y")"，按【Enter】键即可得到员工的年龄。

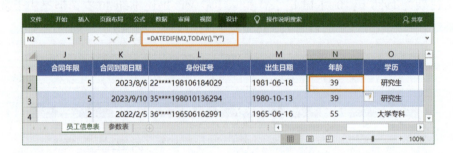

4.4.3 判断性别

配套资源
第 4 章 \ 人事档案 05—原始文件
第 4 章 \ 人事档案 05—最终效果

请观看视频

身份证号中代表性别的是第 17 位数字，该数字若是单数，代表男性，否则代表女性。这就意味着，根据身份证号判断性别，首先要提取身份证号中的第 17 位数字，然后判断此数字是单数还是双数，最后判断出性别。

步骤 1：提取身份证号中的第 17 位数字

由于代表性别的数字位于身份证号的第 17 位，属于身份证号中间的数字，因此使用 MID 函数即可提取。

步骤 2：识别单双数

单数不能被 2 整除，而双数可以被 2 整除，因此，判断单双数实际上就是判断其被 2 整除后的余数是 0 还是 1。若被 2 整除后的余数为 0，则数字是双数，代表女性；否则为单数，代表男性。

在 Excel 中有一个专门求余数的函数：MOD。其主要功能是返回两数相除的余数，语法格式如下。

MOD(被除数 , 除数)

如果除数为零，MOD 函数的返回值为被除数。

在本实例中，身份证号的第 17 位数字就是被除数，2 是除数。选中单元格 C2，在编辑栏中单击鼠标左键，使单元格 C2 中的公式进入可编辑状态，输入 MOD 函数，并将 MID 函数的表达式作为 MOD 函数的第 1 个参数，然后设置第 2 个参数为"2"。

按【Enter】键完成编辑，即可得到身份证号的第 17 位数字被 2 整除的余数。

步骤3：判断性别

前面我们已经说过了，身份证号的第 17 位数字除以 2 的余数为 0，代表女性，否则代表男性。判断关系当然要使用 IF 函数了，关于 IF 函数的详细讲解，请参考本书 7.2 节。

本实例涉及的是比较简单的逻辑判断，条件为"余数 =0"，条件为真时得到结果 1 为"女"，条件为假时得到结果 2 为"男"。

选中单元格 C2，在编辑栏中单击鼠标左键，使单元格 C2 中的公式进入可编辑状态，输入 IF 函数，并将 MOD 函数的表达式作为 IF 函数第 1 个参数的一部分，然后根据前面对参数的分析，将第 1 个参数补充完整，并设置第 2 个参数和第 3 个参数。按【Enter】键完成编辑，即可得到性别。

想不到吧，从身份证号中竟然可以得出这么多信息。你学会了吗？

4.5 批量拆分招聘一览表中的合并单元格

不少人在制作数据源表时，为了使表格看起来简单整洁或者少输入一点儿相同的内容，喜欢将同类项合并到一起。然而，当数据源表存在合并单元格时，会造成统计错误。

第4章 批量整理,让人力资源数据规范化

下面我们取消合并单元格,来看一看 B 列的真实面目。

配套资源
- 第 4 章\招聘一览表—原始文件
- 第 4 章\招聘一览表—最终效果

请观看视频

🖱 取消合并单元格

步骤 » 打开本实例的原始文件,❶选中有合并单元格的数据区域,❷切换到【开始】选项卡,❸在【对齐方式】组中单击【合并后居中】按钮右侧的下三角按钮,❹在弹出的下拉列表中选择【取消单元格合并】选项。

选中的单元格区域被拆分为单个单元格。从下图可以看到，拆分后的单元格区域只有第 1 个单元格才有数据，其余单元格都是空白的。

拆分后的单元格，难道我要再一个一个地输入数据吗？

别急，还是有办法快速补救的。

批量填充空白单元格

批量填充空白单元格只需要 3 个步骤：定位空值、批量填充公式、将公式粘贴为数值。各步骤的具体操作流程如下。

步骤 1：定位空值

01» ❶选中"应聘岗位"列的所有数据区域，❷切换到【开始】选项卡，❸在【编辑】组中单击【查找和选择】按钮，❹在弹出的下拉列表中选择【定位条件】选项。

第4章 批量整理,让人力资源数据规范化 71

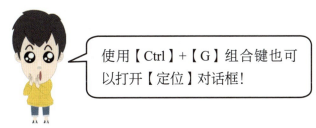

02» 弹出【定位】对话框,❶单击【定位条件】按钮,弹出【定位条件】对话框,❷选中【空值】单选钮。

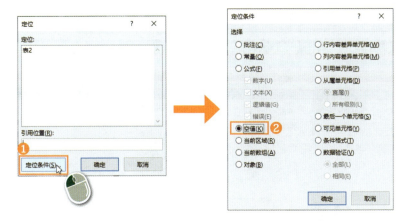

03» 单击【确定】按钮,即可选中"应聘岗位"列数据区域内的所有空白单元格,其中 B3 为当前活动单元格。

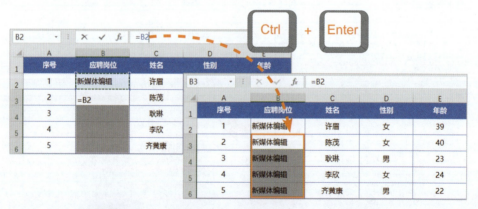

名称框

> **提示**
>
> 选中多个单元格时，工作表左上角的名称框中显示的单元格为当前活动单元格。

步骤 2：批量填充公式

在编辑栏中输入"="，然后单击单元格 B2，按【Ctrl】+【Enter】组合键，即可将公式填充到所有选中的空白单元格中。

> 为什么输入公式"=B2"就能让所有空白单元格都自动填充呢？

这是因为，此公式中的"B2"是相对引用，表示单元格 B3 等同于其上方的一个单元格，所以其他所有单元格都"效仿"着等同于其上方的一个单元格。

第4章 批量整理，让人力资源数据规范化

步骤3：将公式粘贴为数值

01» ❶选中"应聘岗位"列的所有数据区域，❷按【Ctrl】+【C】组合键进行复制。

02» 在复制区域上单击鼠标右键，在弹出的快捷菜单中选择【粘贴选项】▶【值】菜单项，即可将选中区域中的公式粘贴为数值。

为什么要将公式粘贴为数值呢？

如果不把公式转换成固定的数值，重新排列数据时，数据就会出错。因为当数据的位置发生变化时，公式引用的相对位置依然不变，但是引用位置中的数据变了，结果就会出错。例如，将表格中的数据按"到岗情况"排序后，人员对应的应聘岗位就会出现错误。

序号	应聘岗位	姓名	性别	年龄	学历	招聘渠道	到岗情况
1	新媒体编辑	许眉	女	39	大专	内部招聘	到岗
2	新媒体编辑	陈茂	女	40	本科	大型招聘会	到岗
3	新媒体编辑	耿琳	男	23	本科	校园招聘	到岗
5	新媒体编辑	齐黄康	男	22	大专	校园招聘	到岗
6	文案	郑珍	女	24	本科	校园招聘	到岗
8	文案	蒋访枫	女	43	大专	大型招聘会	到岗
10	文案	华正启	男	44	大专	内部推荐	到岗
11	文案	曹亦寒	女	40	大专	内部推荐	到岗
12	文案	孔桂	男	38	本科	内部推荐	到岗
14	文案	金瑞进	女	39	本科	招聘网站	到岗
15	文案	姜林	男	35	大专	招聘网站	到岗

错误数据

4.6 删除从不同网站收集的重复简历

如果源数据中有重复记录，多数情况下都需要删除，否则会导致汇总时重复计数，汇总结果就会出错。所以在获取源数据后，进行统计分析前，清理掉重复记录是非常必要的。

4.6.1 单条件删除重复值

小龙

办公场景一：小龙收到了一份招聘简历明细表，领导让小龙统计一下目前公司有几个岗位在招聘，分别是哪几个岗位。

第4章 批量整理，让人力资源数据规范化 75

这么多数据，怎么统计啊？呜呜……

使用删除重复值工具，几秒钟就可以搞定！

删除重复值

在 Excel 中常用的删除重复值的方法就是使用删除重复值工具。

配套资源
第 4 章 \ 招聘简历明细表—原始文件
第 4 章 \ 招聘简历明细表—最终效果

请观看视频

01» 打开本实例的原始文件，❶将"应聘职位"列复制到一张新工作表中，并选中新的"应聘职位"列，❷切换到【数据】选项卡，❸在【数据工具】组中单击【删除重复值】按钮。

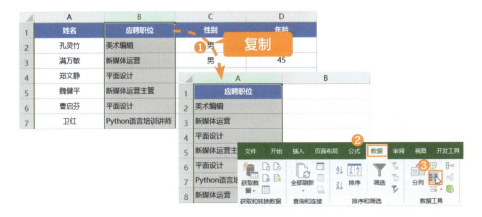

02» 弹出【删除重复值】对话框，按下图所示操作，返回工作表，可以看到"应聘职位"列仅保留了 8 个唯一值。

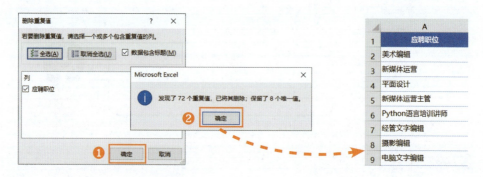

🖱 高级筛选

使用高级筛选功能也是一种常用的删除重复值的方法。它的优势在于，不需要提前将数据复制到新工作表中，并且可以将不重复的结果显示到指定位置。

01» 打开本实例的原始文件，❶选中"应聘职位"列中的任意一个单元格，❷切换到【数据】选项卡，❸在【排序和筛选】组中单击【高级】按钮。

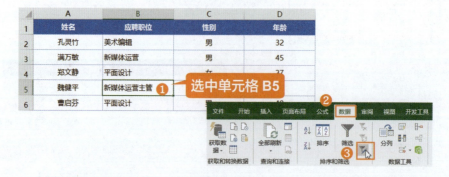

02» 弹出【高级筛选】对话框，❶选中【将筛选结果复制到其他位置】单选钮，❷将光标定位到【列表区域】文本框中，❸选中数据区域 B1:B81。

第4章 批量整理，让人力资源数据规范化

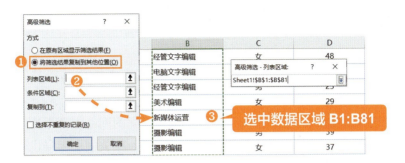

03» 将光标定位到【复制到】文本框中，选中工作表中的任意一个空白单元格，勾选【选择不重复的记录】复选框，单击【确定】按钮，即可将数据区域 B1:B81 中的不重复数值复制到指定的数据区域。

4.6.2 多条件删除重复值

小龙

办公场景二：领导要求小龙与招聘简历明细表中的人员联系，沟通面试的时间，并提醒小龙，招聘简历明细表中的数据来自两个不同的招聘网站，可能会有重复信息，需要把重复信息删除。

使用删除重复值工具可以快速删除重复值！

配套资源

第 4 章 \ 招聘简历明细表 02—原始文件

第 4 章 \ 招聘简历明细表 02—最终效果

请观看视频

在招聘简历明细表中，同一个人可能在不同的网站上都投递了简历，并申请了多个岗位，其投递简历的时间可能不同，相关简历编号也可能不同，但是其姓名、性别、年龄、学历、毕业学校、所学专业、毕业时间、手机号码等一般都是相同的，因此，只要某几行的这几列数值同时相同，这几行就存在重复值。

01» 打开本实例的原始文件，选中数据区域中的任意一个单元格，❶切换到【数据】选项卡，❷在【数据工具】组中单击【删除重复值】按钮。

02» 弹出【删除重复值】对话框，按图所示操作，即可将姓名、性别、年龄、学历、毕业学校、所学专业、毕业时间、手机号码都相同的行删除。

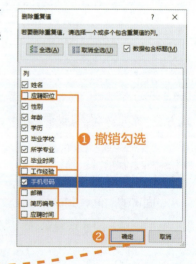

第4章 批量整理，让人力资源数据规范化 79

 批量删除绩效考核表中的空行、空列

在日常工作中，HR 经常看到一些表格中存在空行或空列，如下图所示的售后服务部的绩效考核表。

指标序号	指标明细	权重分值	目标值	神龙1	神龙2
指标1	订单处理及时性及准确性	5%	4.50	5.00	5.00
指标2	客户回访数量及频率	10%	9.00	10.00	9.00
指标3	客户咨询、投诉处理及时性及有效性（投诉满意率）	5%	4.50	4.00	3.00
指标4	售后维修服务跟踪及反馈	5%	4.50	4.00	4.00
指标5	服务态度	5%	4.50	5.00	3.00
指标6	工作总结与汇报	5%	4.50	5.00	5.00
指标7	客户二次开发销售额目标达成率	10%	9.00	8.00	6.00
指标8	客户二次开发成功率	5%	4.50	5.00	5.00

这些空行或空列虽然让表格看起来很清晰，但是在进行排序、筛选、自动填充、生成数据透视表等操作时，Excel 就会报错或者给出不正确的结果。因为 Excel 默认把连续的数据区域识别为一个整体，当有空行或者空列分隔数据区域时，Excel 不会跨越空行或者空列去操作数据区域。

因此，我们必须先删除表格中的空行和空列再进行计算。如果手动一条条地删除这些空行、空列，效率会很低。下面就分享几个快速删除表格中的空行、空列的小技巧。

配套资源

第 4 章 \ 售后服务部绩效考核—原始文件

第 4 章 \ 售后服务部绩效考核—最终效果

请观看视频

4.7.1 批量删除空行

批量删除空行的方法有多种，我们可以根据需要选择不同的方法。

通过删除重复值删除空行

空行属于重复值的一种，因此可以使用删除重复值的方法，批量删除表格中的空行。

01» 打开本实例的原始文件，❶选中所有数据区域，❷切换到【数据】选项卡，❸在【数据工具】组中单击【删除重复值】按钮。

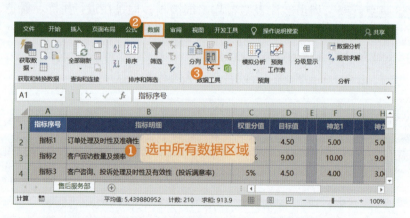

02» 弹出【删除重复值】对话框，按下图所示操作。

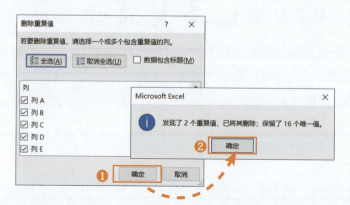

03» 返回工作表，可以看到表格中只保留了1行空行。❶选中空行，单击鼠标右键，❷在弹出的快捷菜单中选择【删除】菜单项，即可将最后一行空行删除。

通过定位空值删除空行

如果表格中存在除空行外，没有其他空白单元格的列，那么用户除了可以使用删除重复值的方法，还可以通过定位空值的方法删除空行。

B列中只有一个空白单元格

01» 打开本实例的原始文件，❶选中B列，❷按【Ctrl】+【G】组合键。

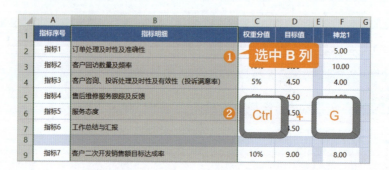

02» 弹出【定位】对话框，❶单击【定位条件】按钮，弹出【定位条件】对话框，❷选中【空值】单选钮。

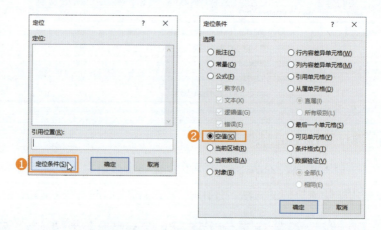

03» 在定位的空白单元格上，❶单击鼠标右键，❷在弹出的快捷菜单中选择【删除】菜单项，弹出【删除】对话框，❸选中【整行】单选钮。

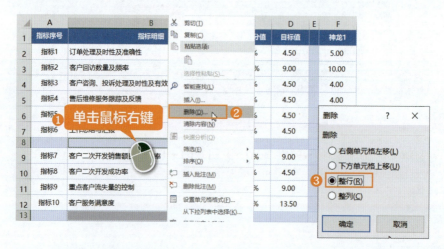

第4章 批量整理，让人力资源数据规范化   83

04» 单击【确定】按钮，返回工作表，即可看到工作表中的空行已经被全部删除了。

	A	B	C	D	F
1	指标序号	指标明细	权重分值	目标值	神龙1
2	指标1	订单处理及时性及准确性	5%	4.50	5.00
3	指标2	客户回访数量及频率	10%	9.00	10.00
4	指标3	客户咨询、投诉处理及时性及有效性（投诉满意率）	5%	4.50	4.00
5	指标4	售后维修服务跟踪及反馈	5%	4.50	4.00
6	指标5	服务态度	5%	4.50	5.00
7	指标6	工作总结与汇报	5%	4.50	5.00
8	指标7	客户二次开发销售额目标达成率	10%	9.00	8.00
9	指标8	客户二次开发成功率	5%	4.50	5.00

4.7.2 批量删除空列

通过定位空值删除空列

批量删除空列的常用方法是定位空值，与通过定位空值删除空行基本一致。这里需要注意的是，通过定位空值删除空列的前提是表格中至少存在这样的一行：除了要删除的列对应的单元格外，该行中没有其他的空白单元格。

配套资源
第 4 章 \ 售后服务部绩效考核 01—原始文件
第 4 章 \ 售后服务部绩效考核 01—最终效果

请观看视频

	A	B	C	D	F	G	H	I	J	K
1	指标序号	指标明细	权重分值	目标值		神龙1	神龙2	神龙3		
2	指标1	订单处理及时性及准确性	5%	4.50		5.00	5.00	2.00		
3	指标2	客户回访数量及频率	10%	9.00		10.00	9.00	9.00		
4	指标3	客户咨询、投诉处理及时性及有效性（投诉满意率）	5%	4.50		4.00	3.00	4.00		
5	指标4	售后维修服务跟踪及反馈	5%	4.50		4.00	4.00	3.00		

该行中无其他空白单元格

空列

01» ❶选中第 2 行，❷按【Ctrl】+【G】组合键，弹出【定位】对话框，❸单击【定位条件】按钮，弹出【定位条件】对话框，❹选中【空值】单选钮。

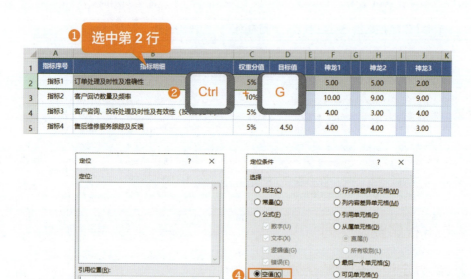

02» ❶在选中的空白单元格上单击鼠标右键,❷在弹出的快捷菜单中选择【删除】菜单项,弹出【删除】对话框,❸选中【整列】单选钮,❹单击【确定】按钮,返回工作表,即可看到工作表中的空列已经被全部删除了。

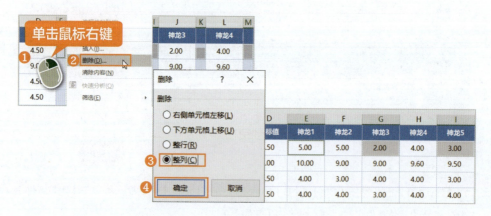

通过删除重复值删除空列

如果表格中每列都存在空白单元格，就不能通过定位空值删除空列了。此时，我们可以先将表格转置，然后删除重复值，接着删除唯一空行，最后将表格转置回来。

转置 ➡ 删除重复值 ➡ 删除唯一空行 ➡ 转置

配套资源
第 4 章 \ 售后服务部绩效考核 02—原始文件
第 4 章 \ 售后服务部绩效考核 02—最终效果

01» ❶选中所有数据区域，❷按【Ctrl】+【C】组合键进行复制，选中数据区域外的任意一个单元格，❸单击鼠标右键，❹在弹出的快捷菜单中选择【粘贴选项】▶【转置】菜单项，即可将选中区域的数据的行列互换，并粘贴到新的位置。

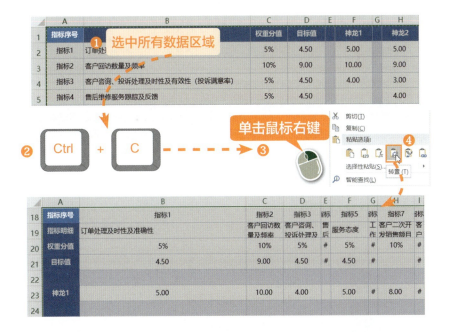

02» 切换到【数据】选项卡，按下页图所示操作，返回工作表，可以看到表格中只保留了一行空行。

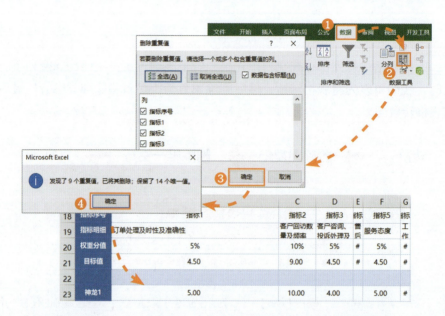

03» ❶选中唯一空行，❷单击鼠标右键，❸在弹出的快捷菜单中选择【删除】菜单项，即可将选中的空行删除。

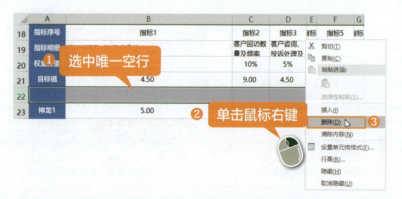

04» 选中删除唯一空行之后的数据区域，按下图所示操作，将选中区域的数据的行列互换，并粘贴到新的位置。根据需求适当调整表格的行高、列宽，并删除多余数据。

第4章 批量整理，让人力资源数据规范化

指标序号	指标明细	权重分值	目标值	神龙1	神龙2
指标1	订单处理及时性及准确性	5%	4.50	5.00	5.00
指标2	客户回访数量及频率	10%	9.00	10.00	9.00
指标3	客户咨询、投诉处理及时性及有效性（投诉满意率）	5%	4.50	4.00	3.00
指标4	售后维修服务跟踪及反馈	5%	4.50		4.00
指标5	服务态度	5%	4.50	5.00	3.00

4.8 批量复制培训成绩表中的可见单元格

在人力资源日常工作中，经常会有 HR 习惯性地将不需要的数据隐藏起来，但是当他想从含隐藏数据的表格中复制可见单元格时，如果采用普通的方法，得到的数据中仍然会包含隐藏的数据。

例如，在新员工培训结束后，公司需要根据培训成绩决定员工的去留，3 项培训成绩同时大于等于 70 分的员工才可以留下成为正式员工。小龙在打印正式员工名单时，将未通过培训的人员信息隐藏了。

	A	B	C	D	E	F
1	工号	姓名	企业概况	规章制度	岗位技能	总得分
4	00128	郑文静	98	83	80	261
8	00132	魏慧军	90	76	71	237
9	00133	郑文静	81	70	84	235

但是当小龙向部门领导提交正式员工名单时，是不能包含隐藏数据的，因此需要只将通过培训的人员信息复制出来。

	A	B	C	D	E	F
1	工号	姓名	企业概况	规章制度	岗位技能	总得分
4	00128	郑文静	98	83	80	261
8	00132	魏慧军	90	76	71	237
9	00133	郑文静	81	70	84	235

	A	B	C	D	E	F
1	工号	姓名	企业概况	规章制度	岗位技能	总得分
2	00126	孔灵竹	73	93	68	234
3	00127	满万敏	67	83	98	248
4	00128	郑文静	98	83	80	261

隐藏的数据

▲ 用普通方法复制数据，得到的数据中仍然包含隐藏的数据

HR 精英这样用 Excel

遇到这种情况时，我们可以利用定位工具，只复制可见单元格中的数据。

配套资源
第 4 章 \ 新员工培训成绩表 01—原始文件
第 4 章 \ 新员工培训成绩表 01—最终效果

请观看视频

01» 打开本实例的原始文件，选中数据区域 A1:F27，按下图所示操作，即可选中当前选中数据区域中的可见单元格。

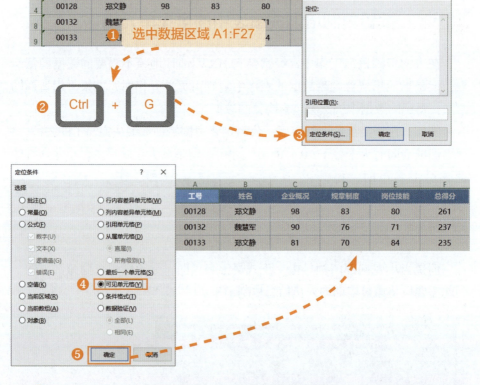

02» ❶按【Ctrl】+【C】组合键进行复制，单击工作表中的空白单元格，或者切换到另外一张工作表，❷按【Ctrl】+【V】组合键进行粘贴，即可看到指定位置或新工作表中只包含可见单元格中的数据。

第4章 批量整理,让人力资源数据规范化

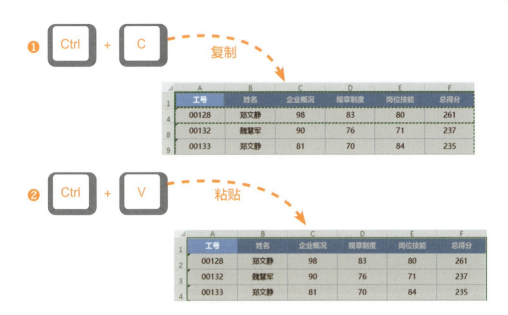

4.9 将所有员工的基本工资上调300元

工资普调是许多公司都会实行的,每次普调工资就意味着要将每一位员工的基本工资加上、减去、乘以或除以某个数。如果公司人少还好,如果人多的话,一个一个地改基本工资,何时才能改完呢?

面对这样的问题,不要慌,只要用对方法,即使有几万条数据,也可以迅速搞定!

一般情况下,工资表中的基本工资都是直接从"工资等级"表中引用的,因此我们直接修改"工资等级"表中的基本工资即可!

下面以将员工的基本工资上调 300 元为例，介绍如何批量修改员工的基本工资。

01» 打开本实例的原始文件，切换到"工资等级"表中，❶在单元格 C1 中输入"300"，选中该单元格，❷按【Ctrl】+【C】组合键进行复制。

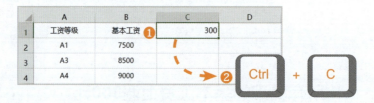

02» ❶选中要修改的基本工资所在的数据区域 B2:B32，❷单击鼠标右键，❸在弹出的快捷菜单中选择【选择性粘贴】菜单项。

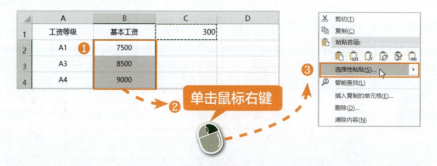

03» 弹出【选择性粘贴】对话框，按下页图所示操作，可以看到所有基本工资都已经增加了 300 元，最后删除单元格 C1 中的数字"300"即可。

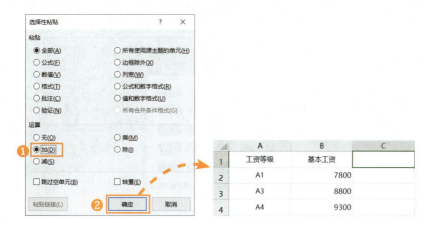

 本章内容小结

通过对本章内容的学习，相信读者已经掌握了不少整理数据的技能，再也不怕遇到凌乱的数据了。由于篇幅所限，本章介绍的数据整理技巧仅仅是冰山一角。读者还需要在实际工作中多总结，掌握更多的数据整理技巧。记住，想要更有效地"偷懒"，那就主动出击，不断学习精进吧。

第 5 章

按不同需求，快速统计员工绩效

- 如何对多张工作表中的数据进行合并？
- 如何对多张工作表中的数据进行汇总计算？
- 如何将一张工作表中的数据拆分到多张工作表中？

第5章 按不同需求，快速统计员工绩效

在人力资源工作中，我们难免会碰到下面这样的问题。

（1）**对多张工作表中的数据进行合并**。例如，将各部门的绩效考核数据合并到一张工作表中。

（2）**对多张工作表中的数据进行汇总**。例如，按部门汇总各月的入职和离职人数。

（3）**将一张工作表中的数据拆分到多张工作表中**。例如，将绩效考核数据汇总表按部门拆分为多张工作表。

遇到这些问题时，大多数人选择的方法是进行复制、粘贴，但使用这种方法往往费时费力，让人痛苦不堪！

5.1 将不同部门的绩效考核数据合并到一张表中

HR每个月都要收集各部门的绩效考核数据，收集之后，通常需要将其合并到一张表中，以方便计算绩效工资。

▲各部门绩效考核数据汇总表

很多HR都是通过来回切换工作簿、工作表，然后选择、复制、粘贴，将不同工作表中的数据合并到一张工作表中的，这种方法看似简单，但是比较浪费时间且极易出错。这时我们可以使用Power Query来进行合并，这样不仅方便快捷，而且不容易出错。

配 套 资 源

第5章\1月绩效考核—原始文件

第5章\1月绩效考核—最终效果

请观看视频

Power Query 是一款由微软公司开发的基于 Excel 的免费插件，可以在 Excel 2010（及更高版本）中使用，已经内置在 Excel 2016、Excel 2019 及 Power BI Desktop 中。

使用 Power Query 合并各部门绩效考核数据的具体操作步骤如下。

多表合并的第一步就是导入数据，即将需要合并的数据导入 Power Query 中。

HR 需要合并的是不同部门提供的绩效考核表，它们存放于不同的工作簿。为了方便合并，HR 在接收到这些文件时，通常会将其存放于一个文件夹中，因此，在选择数据来源时，直接选择文件夹即可。

01» 启动 Excel 程序，新建一个空白工作簿，❶切换到【数据】选项卡，❷在【获取和转换数据】组中单击【获取数据】按钮，❸在弹出的下拉列表中选择【自文件】▶【从文件夹】选项。

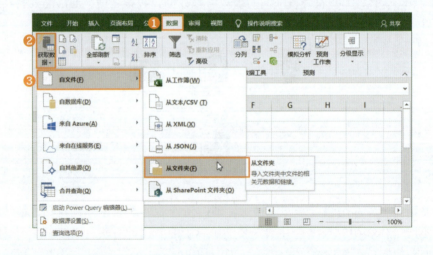

02» 弹出【文件夹】对话框，❶单击【浏览】按钮，弹出【浏览文件夹】对话框，从中找到要合并的各部门绩效考核表所在的文件夹，❷选中该文件夹，❸单击【确定】按钮，返回【文件夹】对话框，即可看到【文件夹路径】文本框中显示了该文件夹的位置，❹单击【确定】按钮。

第5章 按不同需求，快速统计员工绩效

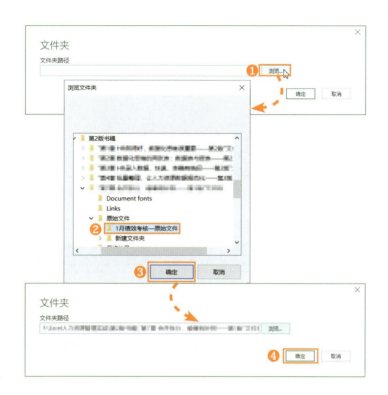

03» 弹出下图所示的对话框，❶单击【组合】按钮，❷在弹出的下拉列表中选择【合并并转换数据】选项。

04» 弹出【合并文件】对话框,【示例文件】保持默认设置,❶在【显示选项】组中选择【1月】,❷单击【确定】按钮。

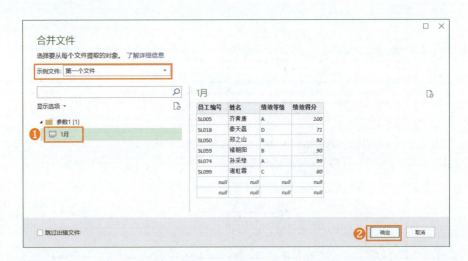

05» 可以看到文件夹中 3 个工作簿中的数据已经都合并到查询表中了,❶切换到【主页】选项卡,❷在【关闭】组中单击【关闭并上载】按钮的上半部分。

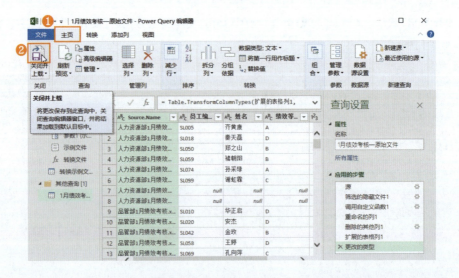

06» 返回工作簿,即可看到工作簿中新创建了一张工作表,工作表中存放了所有部门的绩效考核数据。

第5章 按不同需求，快速统计员工绩效

至此，合并工作表的工作就基本完成了，接下来只需将表格规范化即可。

在默认得到的合并工作表中，第 1 列为原工作簿的名称。在第 1 列中，我们只需要保留部门名称，因此可以通过查找和替换功能将第 1 列中的"1 月绩效考核 .xlsx"删除，并将第 1 列的列标题修改为"部门"。

07» 按【Ctrl】+【H】组合键，弹出【查找和替换】对话框，按下图所示操作，返回工作表，可以看到 A 列的内容已经都只保留部门名称，再将 A 列的列标题名称更改为"部门"即可。

另外，合并工作表中还可能存在空行，可以通过定位空值的方法删除空行。

08» 选中合并工作表中除"部门"列之外的任意一个数据列，按【Ctrl】+【G】组合键，弹出【定位】对话框，按下图所示操作。

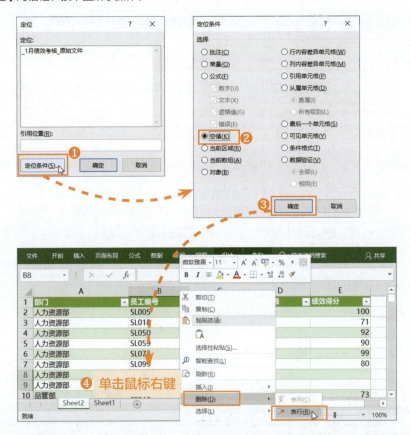

适当调整合并工作表的行高、列宽及对齐方式等，使其可读性更强，然后删除工作簿中多余的工作表，重新命名工作表，然后保存即可。

第5章　按不同需求，快速统计员工绩效　　99

5.2　将一个季度的绩效考核数据合并到一张表中

公司不仅要对员工每个月的绩效考核数据进行分析，通常还需要对其季度、年度的绩效考核数据进行分析。为了方便分析，HR 通常会将一个季度或一个年度的绩效考核数据合并到一张表中。

如果不同月份的绩效考核数据存储在不同的工作簿中，HR 可以参照 5.1 节介绍的方法对其进行合并。但是如果不同月份的绩效考核数据在同一个工作簿的不同工作表中，又该如何合并呢？

<u>同一个工作簿的不同工作表的合并</u>依然可以使用 Power Query 来进行。具体操作步骤如下。

配　套　资　源

第 5 章 \ 第 1 季度绩效考核—原始文件
第 5 章 \ 第 1 季度绩效考核—最终效果

请观看视频

01» 打开本实例的原始文件，❶切换到【数据】选项卡，❷在【获取和转换数据】组中单击【获取数据】按钮，❸在弹出的下拉列表中选择【自文件】▶【从工作簿】选项。

02» 弹出【导入数据】对话框，❶通过导航栏选择需要合并的工作表所在的工作簿，❷单击【导入】按钮。

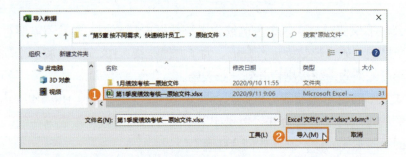

03» 弹出【导航器】对话框，按下图所示操作。

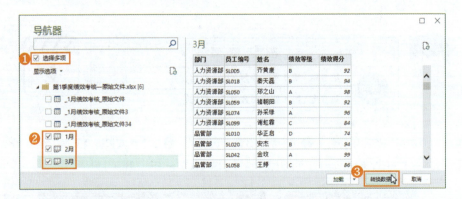

04» 可以看到"1月""2月""3月"3张表中的数据已经被导入查询表了。

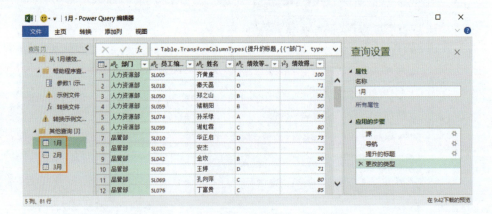

在将多个月份的绩效考核数据合并到一张表中时，HR 需要保留的内容是部门、员工编号、姓名，然后是不同月份的绩效得分，如下图所示。

表格内容中只有员工编号是唯一的，因此只需以员工编号为参照，将所有表中的绩效得分引用到一张表中即可。

05» ❶在页面左侧的【查询】导航窗格中选中"3月"，❷切换到【主页】选项卡，❸在【组合】组中单击【合并查询】按钮右侧的下三角按钮，❹在弹出的下拉列表中选择【将查询合并为新查询】选项。

06» 弹出【合并】对话框，选择"3月"和"2月"为要合并的表，选中两张表中的"员工编号"列作为匹配列，然后单击【确定】按钮。

07» 返回Power Query编辑器页面，❶单击"2月"列右侧的【展开】按钮，在弹出的下拉列表中❷取消勾选【(选择所有列)】复选框，❸勾选【绩效得分】复选框，❹单击【确定】按钮。

08» 此时已将3月和2月的绩效得分合并到一张表中。❶选中"合并1"查询表，❷在【组合】组中单击【合并查询】按钮的左半部分。

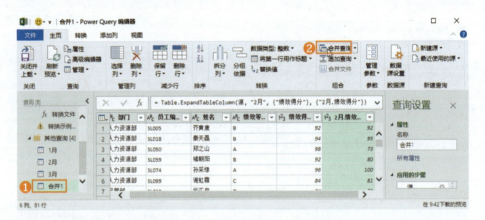

09» 弹出【合并】对话框，选择"1月"为要合并的表，选中两张表中的"员工编号"列作为匹配列，然后单击【确定】按钮。

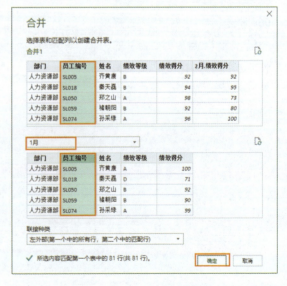

10» 返回 Power Query 编辑器页面，❶单击"1月"列右侧的【展开】按钮，在弹出的下拉列表中❷取消勾选【（选择所有列）】复选框，❸勾选【绩效得分】复选框，❹单击【确定】按钮。

11» 此时已将 1 月的绩效得分合并到"合并 1"查询表中，❶切换到【主页】选项卡，❷在【关闭】组中单击【关闭并上载】按钮的上半部分。

12» 返回工作表，删除 D 列，将右侧 3 列的列标题分别更改为"3月""2月""1月"，并适当地调整行高和列宽，将工作表"Sheet4"重命名为"第 1 季度"，然后删除工作簿中多余的工作表。

5.3 将员工绩效按部门拆分到不同的表

在人力资源工作中，HR 不仅需要汇总表，有时还需要拆分表。

例如，HR 汇总出了所有员工第 1 季度的绩效考核数据，但是在对绩效考核数据进行分析的时候，不仅需要按月进行分析，有时候还需要按部门进行分析。

将一表拆分为多表的常用方法是使用数据透视表。

配 套 资 源

第 5 章 \ 第 1 季度绩效考核 01—原始文件

第 5 章 \ 第 1 季度绩效考核 01—最终效果

请观看视频

01» 打开本实例的原始文件，使工作表"第 1 季度"处于激活状态，❶选中数据区域中的任意一个单元格，❷切换到【插入】选项卡，❸在【表格】组中单击【数据透视表】按钮。

02» 弹出【创建数据透视表】对话框，系统默认选择所有数据区域作为要分析的数据，数据透视表放置的位置为新工作表，保持默认设置不变，单击【确定】按钮，即可在工作簿中创建一张新的工作表，Excel 会在新工作表中自动创建一个数据透视表框架，并自动打开【数据透视表字段】任务窗格。

由于我们需要按部门拆分工作表，因此可以将部门作为筛选项，将其他字段放到行标签中。

03» 在【数据透视表字段】任务窗格中的【选择要添加到报表的字段】列表框中的【部门】字段上单击鼠标右键，在弹出的快捷菜单中选择【添加到报表筛选】菜单项，然后按照相同的方法，依次将【员工编号】【姓名】【1月】【2月】【3月】添加到行标签。

04» 在默认创建的数据透视表中，所有的行标签都在一列中，不符合常规的表格形式。这是因为默认数据透视表的报表布局是以压缩形式显示的。❶切换到【数据透视表工具】栏的【设计】选项卡，❷在【布局】组中单击【报表布局】按钮，❸在弹出的下拉列表中选择【以表格形式显示】选项，即可使数据透视表的行标签显示为多列。

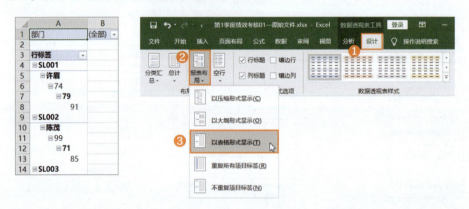

05» 数据透视表默认显示分类汇总行，此处不需要分类汇总，可以将其隐藏。❶在【布局】组中单击【分类汇总】按钮，❷在弹出的下拉列表中选择【不显示分类汇总】选项，即可看到数据透视表中的汇总行被隐藏了。

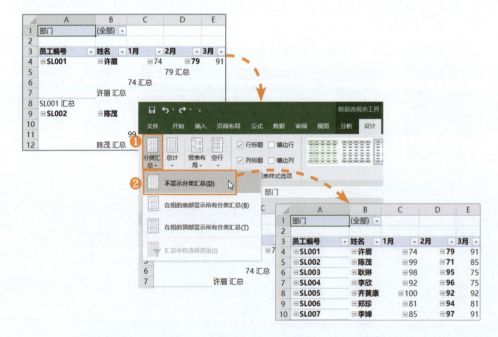

第5章 按不同需求，快速统计员工绩效　107

06» ❶切换到【数据透视表工具】栏的【分析】选项卡，❷在【数据透视表】组中单击【选项】按钮，❸在弹出的下拉列表中选择【显示报表筛选页】选项，弹出【显示报表筛选页】对话框，❹单击【确定】按钮。

07» 返回工作表，即可看到数据透视表的前面增加了各个部门的工作表，我们可以根据需求适当设置其格式。

通过使用数据透视表功能，我们就将第1季度绩效考核数据按部门拆分成了多张工作表，是不是很简单！

本章内容小结

在人力资源工作中，其实不管是合并还是拆分表格，操作本身并不复杂，难的是如何根据实际情况运用合适的操作来解决实际问题。

如果读者有更加多样的合并、拆分需求，建议下载安装 Excel 易用宝、方方格子等插件、工具，这样不用写代码也能够更轻松地完成工作。

还是那句话，只要想"偷懒"，你总能找到更好的方法！读者需要结合实际案例多加练习，积极主动地探索和学习，才能在面对千变万化的应用场景时，仍然保持高效率，漂亮地完成工作。

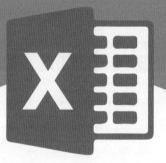

第 6 章

Excel+Word，提高 HR 的工作效率

- Exce+Word，批量生成台卡标签！
- 多栏打印，节约用纸！
- Excel+Word，实现快速分行！

第6章 Excel+Word，提高HR的工作效率

Excel虽然功能非常强大，但并不意味着HR仅用它就能解决所有的问题，或者说有些问题用Excel进行处理很烦琐。这时候我们应该考虑一下"请外援"，同属Office办公软件的Word则是我们优先考虑的对象。让我们来看看Excel和Word联动会碰撞出什么样的火花吧。

6.1 Excel+Word，批量生成台卡标签

人力资源工作中有项不大不小的工作，就是当公司举办大型会议时，HR需要打印每个人的身份台卡标签。这项工作的工作量看起来似乎并不大，因为HR拥有全面的员工信息，只要将需要的信息单独提取出来再打印出来就可以了。

真的是这样吗？首先，台卡是立体效果卡，需要放在会议桌上。这就意味着上面的信息需要对称分布才能保证前后两面的信息完整展示。其次，Excel文件也能打印出来，但是排版就要花不少时间，若公司有几百个员工参加会议，该怎么办？

Excel便于提取所需信息，Word便于排版，那么将二者结合起来制作台卡标签不就能事半功倍了吗？具体操作步骤如下。

员工台卡信息表　　使用Word制作打印模板　　自动生成多份打印文档

配套资源

第6章\员工台卡信息表—原始文件.xlsx

第6章\台卡—最终效果.doc

请观看视频

01» 新建一个 Word 文档，根据台卡大小选择合适的纸张大小。❶切换到【布局】选项卡，❷在【页面设置】组中单击【纸张大小】按钮，❸在弹出的下拉列表中选择【A5】选项。

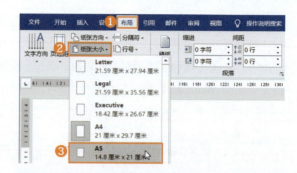

02» ❶切换到【插入】选项卡，❷在【插图】组中单击【形状】按钮，❸在弹出的下拉列表中选择【文本框】选项。

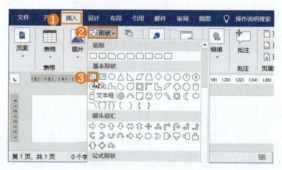

03» 当鼠标指针变成黑色十字形状时，通过拖曳鼠标指针的方式，在文档中绘制一个大小合适的文本框，将文本框设置为无轮廓、无填充，字体格式设置为微软雅黑、80 号，字体颜色保持默认的黑色，对齐方式设置为水平居中。❶切换到【邮件】选项卡，❷在【开始邮件合并】组中单击【选择收件人】按钮，❸在弹出的下拉列表中选择【使用现有列表】选项。

04» 弹出【选取数据源】对话框，切换到原始文件所在的文件夹，❶选中需要的文件"员工台卡信息表—原始文件"，❷单击【打开】按钮。

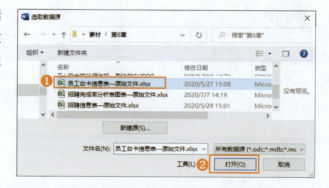

第6章 Excel+Word，提高HR的工作效率

05» 弹出【选择表格】对话框，❶勾选左下角的【数据首行包含列标题】复选框，❷单击【确定】按钮。

06» 返回 Word 文档，在【编写和插入域】组中单击【插入合并域】的下半部分，在弹出的下拉列表中选择【姓名】选项，即可在文本框中插入一个"姓名"域。

07» 在当前文本框的下方复制一个相同的文本框，将上方的文本框垂直翻转。

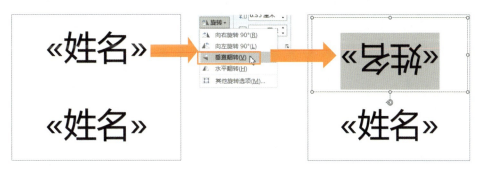

08» 将两个文本框水平居中对齐，再将两个文本框组合为一个图形，使图形相对于页面水平居中、垂直居中。❶切换到【邮件】选项卡，❷在【完成】组中单击【完成并合并】按钮，❸在弹出的下拉列表中选择【编辑单个文档】选项。

09» 弹出【合并到新文档】对话框，选中【全部】单选钮，单击【确定】按钮，即可得到一个新的文档，文档中包含了所有员工的台卡标签。

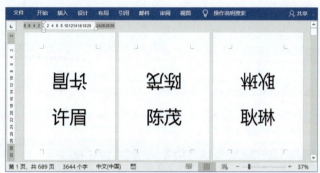

6.2 巧用Word实现行多列少的多栏打印

在日常工作中，HR 经常会遇到这样的问题，需要打印的数据表的行数很多（几百行甚至更多），而列数很少（只有一列或者两三列），打印出来连纸张宽度的一半都占不到，直接打印不仅浪费纸张，而且不方便阅读，如下图所示。

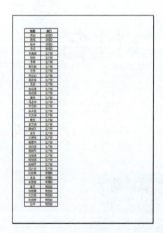
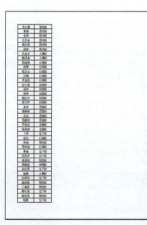
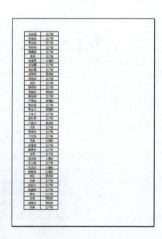

如果重新排版，HR 需要多次在 Excel 中多次复制、粘贴，那么是否有一种方法可以让"瘦长"的 Excel 表格自动分成两栏或者三栏打印呢？这时候需要 Word 来帮忙。下面就一起来看看具体操作步骤吧！

第6章 Excel+Word,提高HR的工作效率 113

配 套 资 源

第6章\员工部分信息表—原始文件.xlsx

第6章\员工部分信息表—最终效果.docx

请观看视频

01» 打开本实例的原始文件,然后新建一个空白 Word 文档,将表格中需要打印的数据全部复制到该 Word 文档中。

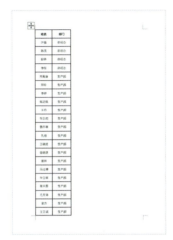

02» ❶切换到【布局】选项卡,❷在【页面设置】组中单击【栏】按钮,❸在弹出的下拉列表中选择【两栏】选项,即可将打印内容分两栏显示。

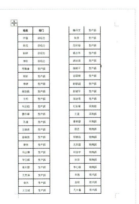

打印内容分成两栏之后,第 1 页右侧一栏和其他页都没有标题行,而且最顶端的单元格都缺少上边框线,很不美观,我们需要调整一下。

03» ❶选中标题行,❷切换到【表格工具】栏的【布局】选项卡,❸在【数据】组中单击【重复标题行】按钮。

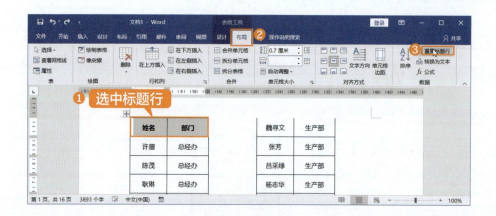

04 » 可以看到最顶端的单元格的上边框线都显示出来了,而且每一栏都有标题行。将 Word 文档重命名并保存。

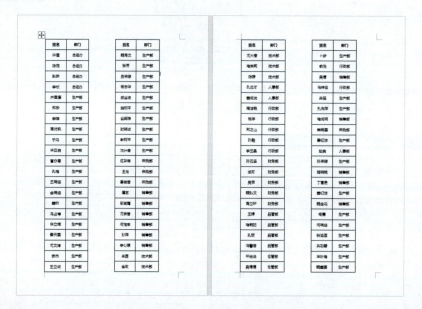

6.3 Excel能分列,Word助力来分行

在日常工作中,HR 收集到的数据不符合规范的情况时有发生。下页图所示是年会节目征集表,表中存在一个人报名多个节目的情况。

第6章 Excel+Word，提高HR的工作效率　115

	A	B	C
1	部门	姓名	节目类型
2	市场部	尉永丽	朗诵，脱口秀
3	后勤部	秦晨	器乐
4	设计部	孙青凯	朗诵，相声
5	策划部	王启凡	朗诵，脱口秀，器乐
6	财务部	王辉	脱口秀，话剧
7	人力资源部	郑凤	武术
8	策划部	李福昊	小品，话剧

　　如何将表格中的"节目类型"列按行分开呢？Excel 能分列，可是分行操作十分烦琐，怎么办呢？这就需要 Word 来帮忙了。下面一起来看看 Word 是如何帮助 Excel 分行的吧！

01» 打开本实例的原始文件，新建一个空白 Word 文档，将表格中需要打印的数据全部复制到该 Word 文档中。

02» 按【Ctrl】+【H】组合键，打开【查找和替换】对话框，Word 自动切换到【替换】选项卡，在【查找内容】文本框中输入"，"，在【替换为】文本框中输入段落标记"^p"，单击【全部替换】按钮。

03» 弹出【Microsoft Word】提示框，提示完成多少处替换，单击【确定】按钮，效果如右下图所示。

04» 将 Word 文档中的表格数据复制到 Excel 中，效果如下图所示。选中 E 列和 F 列。

05» 切换到【开始】选项卡，在【对齐方式】组中单击【合并后居中】按钮的左半部分，使 E 列和 F 列中的合并单元格拆分开，效果如下页图所示。

06» ❶按【Ctrl】+【G】组合键,打开【定位】对话框,❷单击【定位条件】按钮,弹出【定位条件】对话框,❸选中【空值】单选钮,❹单击【确定】按钮。

07» Excel自动选中E列和F列中的所有空白单元格,且第1个空白单元格为激活状态,在编辑栏中输入"=E2",按【Ctrl】+【Enter】组合键,即可完成空白单元格的填充。

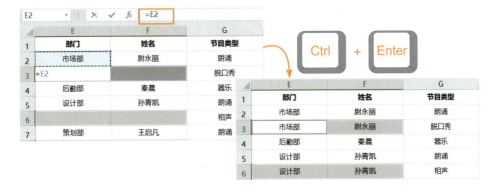

应用篇

人力资源数据处理和分析，游刃有余

满足领导需求，对人力资源数据进行灵活的处理和分析，是HR必备的硬核技能。本篇将针对人力资源工作中常见的数据处理和分析场景，提供有效的解决思路和方法。虽然篇幅有限，没办法面面俱到，但是读者只要掌握相关原理和思路，就可以一通百通。

第 7 章

员工信息查询

- 如何通过输入员工姓名来查询员工信息？
- 如何设置员工生日提醒？
- 如何关联员工入职、离职异动？

7.1 通过输入员工姓名来查询员工信息

小龙是人力资源部的人事助理，平时主要负责员工信息的录入、查询等工作。小龙在查询员工信息时，都是通过 Excel 的筛选功能或者查找功能来进行的。

有没有一种方法能更快速地查找出某个员工的信息呢？当然有！使用函数，我们只要输入员工姓名，就可以查找出该员工的相关信息。

这样的查询系统并不难做，只需要使用 VLOOKUP 函数即可。下面先来了解一下 VLOOKUP 函数的功能和语法格式。

VLOOKUP 函数——根据条件纵向查找指定数据

VLOOKUP 函数的功能是根据一个指定的查找条件，在指定的数据区域内的第 1 列中查找满足指定条件的单元格，然后从后面的某列提取出该单元格所在的行对应的数据。其语法格式如下。

> VLOOKUP(查找条件 , 查找区域 , 返回第几列的值 , 匹配模式)

查找区域：是一个至少包含一行数据的单元格区域，并且查找区域的第 1 列要含有查找条件，也就是说，哪一列含有查找条件，就把那一列定为查找区域的第 1 列。

返回第几列的值：指定从查找区域的第几列取数，这个第几列是从含有查找条件的那列开始向右计数的。

匹配模式：是指精确查找单元格还是模糊查找单元格。当参数值为 TRUE、1 或者不指定时，进行模糊查找，也就是说，当要匹配的值不存在时，匹配最接近条件值的值；当参数值为 FALSE 或者为 0 时，进行精确查找，也就是说，条件值必须完全匹配。

只看参数和语法，我们很难理解一个函数的具体功能和用法，只有结合实例，才更好理解。下面我们就使用 VLOOKUP 函数将员工的基本信息引用到查询系统表中。

配套资源

第 7 章 \ 员工信息表—原始文件
第 7 章 \ 员工信息表—最终效果

请观看视频

01» 打开本实例的原始文件，切换到查询系统表，❶ 在单元格 B5 中输入公式"=C2"，❷ 选中单元格 C5，❸ 切换到【公式】选项卡，❹ 在【函数库】组中单击【查找与引用】按钮，❺ 在弹出的下拉列表中选择【VLOOKUP】选项。

02» 弹出【函数参数】对话框，设置好 4 个参数，单击【确定】按钮。

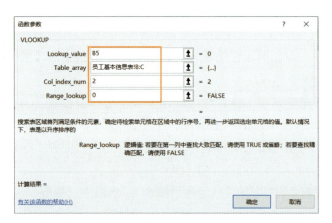

> **提示**
> 公式含义：以单元格 B5 的值为查找条件，在查找区域（员工基本信息表的 B:C 列）的第 1 列中匹配单元格 B5 中的数据，找到一模一样的数据（姓名）之后，返回查找区域内第 2 列中同一行的数据，也就是手机号码。

03» 返回工作表，在单元格 C2 中输入"戚灿灿"，Excel 即可查询到该员工的手机号码。

04» 按照相同的方法，为后面的单元格输入查找公式即可。

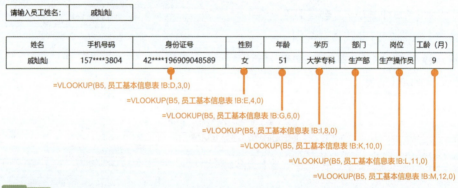

7.2 设置员工生日提醒

如今很多企业提倡人性化管理，其中给员工发送生日问候就是企业人性化管理的一个重要体现。

小龙为了做好这项工作，专门制作了员工生日信息表。小龙每天都要翻看员工生日信息表多遍，手忙脚乱，生怕漏掉某个员工。这样工作效率低下。小龙完全可以在员工生日信息表中设置自动生日提醒，这样就可以一目了然了。

生日提醒有多种形式："当月生日提醒""当日生日提醒""还有多少天过生日提醒"。

配 套 资 源

第 7 章 \ 员工生日提醒表—原始文件

第 7 章 \ 员工生日提醒表—最终效果

请观看视频

当月生日提醒

"当月生日提醒"就是判断员工的生日月是否是当前月。

这显然是一个逻辑判断问题。提到逻辑判断,我们首先想到的当然应该是 IF 函数。

IF 函数可以说是逻辑函数中的"王者"了,它的应用十分广泛。IF 函数的功能是根据指定的条件进行判断,得到满足条件的结果 1 或者不满足条件的结果 2。其语法格式如下。

IF(判断条件 , 结果 1, 结果 2)

在本实例中,IF 函数的判断条件是"生日月 = 当前月",结果 1 为"是",结果 2 为空值。

但是这里需要注意的是,IF 函数的判断条件是"生日月 = 当前月",而员工生日信息表中给出的信息是"生日",因此我们需要从中提取出月份作为判断条件中的"生日月"。

从日期中提取月份使用 MONTH 函数,该函数的功能和语法格式如下。

MONTH 函数用于返回指定日期中的月份,返回月份的值的范围是整数 1(一月)~ 12(十二月)。其语法格式如下。

MONTH(日期)

那么在本实例中要提取生日月，公式应为"=MONTH(生日)"。

接下来提取当前月。提取当前月，首先要有当前日期，Excel 提供了 TODAY 函数用于返回系统的当前日期，该函数没有参数，只在后面添加一对括号即可，即"=TODAY()"，那么提取当前月的公式就是"=MONTH(TODAY())"。

至此，IF 函数的判断条件就有了："MONTH(生日)=MONTH(TODAY())"。

01 » 打开本实例的原始文件，选中单元格 C2，输入公式"=IF(MONTH(B2)=MONTH(TODAY()), " 是 ","")"，按【Enter】键完成输入。

02 » 选中单元格 C2，将鼠标指针移动到单元格 C2 的右下角，当鼠标指针变成黑色十字形状时，❶双击鼠标左键，单元格 C2 中的公式即可默认带格式地填充到下面的单元格区域中。❷单击【自动填充选项】按钮，❸在弹出的下拉列表中选中【不带格式填充】单选钮，即可将填充方式更改为不带格式填充。

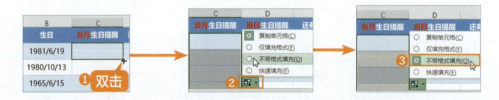

这样，在"当月生日提醒"列中，当月过生日的员工对应的单元格显示为"是"，否则显示为空值。

当日生日提醒

"当日生日提醒"就是判断员工的生日的月和日是否与当前日期的月和日一致。

要发出"当日生日提醒"，不仅要求生日的月和当前日期的月相同，而且要求生日的日和当前日期的日相同，那么我们首先要从两个日期中提取出对应的月和日。Excel 为提取日期中的月提供了 MONTH 函数，同样为提取日期中的日提供了 DAY 函数。

DAY 函数的功能就是返回以序列数表示的某日期对应的日，是介于 1 到 31 之间的整数。其语法格式与 MONTH 函数基本一致。

TODAY(日期)

关于日的判断条件："DAY(生日)=DAY(TODAY())"。

要发出"当日生日提醒"，则需要关于月和日的两个判断条件同时成立，所以要用 AND 函数将两个判断条件连接起来。

AND 函数也是一个逻辑函数，用于确定其参数条件是否均为真。当所有参数条件的逻辑值都为真时，返回 TRUE；只要有一个参数条件的逻辑值为假，即返回 FALSE。其语法格式如下。

AND(条件 1, 条件 2, …)

接下来使用 AND 函数将月和日的两个判断条件连接到一起，即"AND(MONTH(生日)=MONTH(TODAY()),DAY(生日)=DAY(TODAY()))"，然后将其作为 IF 函数的判断条件即可。

步骤 » 选中单元格 D2，输入公式"=IF(AND(MONTH(B2)=MONTH(TODAY()),DAY(B2)=DAY(TODAY())),"是","")"，按【Enter】键完成输入，然后将单元格 D2 中的公式不带格式地填充到下面的单元格区域中。

还有多少天过生日提醒

根据前面两个公式得到的结果，无论是当月生日提醒还是当日生日提醒，都属于比较简单的"是"或"否"的提醒。倘若我们还想知道是否已过生日，是否今日生日，还有多少天过生日呢？这时候我们需要使用 TEXT 函数。

TEXT 函数是一个常见的函数，其主要功能是将各种形式的数值转化为文本，并允许用户使用字符串指定文本的显示格式。其语法格式如下。

TEXT(数值，单元格格式)

TEXT 函数的语法格式比较简单，只是第 2 个参数对应的单元格格式的种类比较多。常用的单元格格式代码可参考下表。

数值（A2）	单元格格式	函数公式	结果
20210320	0000-00-00	=TEXT(A2,"0000-00-00")	2021-03-20
20210320	0000 年 00 月 00 日	=TEXT(A2,"0000 年 00 月 00 日 ")	2021 年 03 月 20 日
2021/03/20	aaaa	=TEXT(A2,"aaaa")	星期六
2021/03/20	yyyy	=TEXT(A2,"yyyy")	2021
2021/03/20	m	=TEXT(A2,"m")	3
2021/03/20	d	=TEXT(A2,"d")	20
2021/03/20	m-d	=TEXT(A2,"m-d")	3-20
-5	正数；负数；零	=TEXT(A2," 盈利 ; 亏本 ; 平衡 ")	亏本
0			平衡
6			盈利
123658	#!.0, 万元	=TEXT(A2,"#!.0, 万元 ")	12.4 万元
323.5862	0.00	=TEXT(A2,"0.00")	323.59

在本实例中，我们需要先使用 "m-d" 单元格格式从生日和当前日期中提取出 "某月某日"。

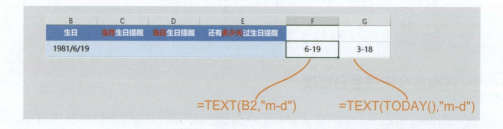

然后将两个"某月某日"相减。

=TEXT(TODAY(),"m-d")-TEXT(B2,"m-d")

最后根据得到的结果的正负值，使用"正数;负数;零"单元格格式得出结果。此处，假设正数显示为"还有0天过生日"，负数显示为"已过生日"，零显示为"今日生日"。

=TEXT(TEXT(TODAY(),"m-d")-TEXT(B2,"m-d")," 还有 0 天过生日;已过生日;今日生日 ")

> **提示**　公式中参数"还有0天过生日"中的"0"并不是零值，而是通配符0，代表数值。

步骤》选中单元格E2，输入公式"=TEXT(TEXT(TODAY(),"m-d")-TEXT(B2,"m-d"),"还有0天过生日;已过生日;今日生日")"，按【Enter】键完成输入，然后将单元格E2中的公式不带格式地填充到下面的单元格区域中。

	A	B	C	D	E	F	G
1	姓名	生日	当月生日提醒	当日生日提醒	还有多少天过生日提醒		
2	许眉	1981/6/19			已过生日		
3	陈茂	1980/10/13			已过生日		
4	耿琳	1965/6/15			已过生日		
5	李欣	1986/10/12			已过生日		
6	齐黄康	1988/6/23			已过生日		
7	郑珍	1972/8/9			已过生日		
8	李婵	1974/6/10			已过生日		
9	蒋访枫	1977/9/7			已过生日		
10	于丹	1980/3/4	是		还有14天过生日		

提醒一下：由于本实例使用了TODAY函数，读者自己操作的结果与上图所示会不一致。

7.3 员工入职、离职异动关联查询

为了及时看出公司人员流动的异常，人力资源部经理让小龙制作一张员工入职离职异动关联查询分析表。

	A	B	C	D	E	F	G	H	I	J
1	部门	期初人数	入职人数	离职人数	期末人数	离职率		离职原因	离职人数	离职比例
2	总经办							家庭原因		
3	行政部							回校深造		
4	生产部							辞退		
5	财务部							福利待遇不满意		
6	销售部							薪资低		
7	技术部							缺少晋升机会		
8	人事部							找到更好的工作		
9	品管部							领导、同事关系不融洽		
10	仓管部							不能一展所长		
11	采购部									

这下，小龙犯了难：公司几乎每天都有人入职、离职，这些数据每天都需要统计、更新，不加班怎么能完成呢？

有没有什么方法，可以使员工入职离职异动关联查询分析表中的数据随着员工信息表中数据的变动自动更新呢？当然有，那就是使用函数。统计不同部门的入职、离职人数相当于统计满足指定条件的单元格个数。

在 Excel 中统计满足指定条件的单元格个数，常用的函数是 COUNTIF 和 COUNTIFS 函数。COUNTIF 函数只能统计满足单一条件的单元格个数，而 COUNTIFS 函数则可以统计满足多个条件的单元格个数。本实例中都是统计满足两个条件的单元格个数，所以应选用 COUNTIFS 函数。

COUNTIFS 函数用于统计多个区域中满足指定条件的单元格个数。其语法格式如下。

> COUNTIFS(区域 1, 条件 1, 区域 2, 条件 2, ⋯)

第7章 员工信息查询

配套资源

第7章\员工入职离职分析表—原始文件
第7章\员工入职离职分析表—最终效果

请观看视频

下面就使用COUNTIFS函数来计算不同部门的入职人数，例如计算"总经办"的入职人数，那么我们需要统计的就是员工信息表中"部门"为"总经办"且"入职时间"在"2020年1月"的单元格个数。

由此可知，COUNTIFS函数的第1个区域为员工信息表的"部门"列，第1个条件为当前表中"总经办"所在的单元格；第2个区域为员工信息表的"入职时间"列，第2个条件为"2020年1月"，由于当前月也是"2020年1月"，所以第2个条件可以写为">=2020/1/1"。

01» 计算不同部门的入职人数。打开本实例的原始文件，在单元格C2中输入公式，得到"总经办"的入职人数。将单元格C2中的公式填充到下面的单元格区域中，即可得到其他部门的入职人数。

C2			fx	=COUNTIFS(员工信息表!K:K,A2,员工信息表!J:J,">=2020/1/1")				
	A	B	C	D	E	F	G	H
1	部门	期初人数	入职人数	离职人数	期末人数	离职率		离职原因
2	总经办		0					家庭原因
3	行政部		4					回校深造
4	生产部		115					辞退

02» 计算不同部门的离职人数。在计算离职人数时，只需将第2个条件区域更改为员工信息表的"离职时间"列即可。

D2			fx	=COUNTIFS(员工信息表!K:K,A2,员工信息表!O:O,">=2020/1/1")				
	A	B	C	D	E	F	G	H
1	部门	期初人数	入职人数	离职人数	期末人数	离职率		离职原因
2	总经办		0	0				家庭原因
3	行政部		4	4				回校深造
4	生产部		115	79				辞退

03» 计算不同部门的期末人数。计算时，只需要让第2个条件满足"是否在职"列的值为"是"，或者"离职时间"列的值为空值即可。

▲ "是否在职"列的值为"是"

▲ "离职时间"列的值为空值

04» 计算不同部门的期初人数。根据"期初人数 + 入职人数 − 离职人数 = 期末人数",可以得出"期初人数 = 期末人数 + 离职人数 − 入职人数"。

05» 计算不同部门的离职率。根据离职率的计算公式"离职率 =[当期离职人数/(期初人数+当期入职人数)]×100%",可以得出总经办的离职率公式为"=D2/(B2+C2)*100%",然后将公式填充到下面的单元格区域中,得出其他部门的离职率。

06》 计算不同原因的离职人数。这个与前面计算不同部门的离职人数的方法是一致的，只是将第 1 个条件更改为对离职原因进行判断即可。

07》 计算离职比例。不同原因的离职比例的计算公式应为"= 某原因下的离职人数 / 离职总人数"。显然我们还需要先计算出离职总人数，也就是对不同原因的离职人数进行求和。选中单元格 I11，❶切换到【公式】选项卡，❷在【函数库】组中单击【自动求和】按钮的上半部分，即可自动对不同原因的离职人数进行求和，按【Enter】键确认。

08》 选中单元格 J2，输入公式"=I2/$I$11"，计算出因家庭原因离职的比例，然后将公式填充到下面的单元格区域中即可。

> **提示**
> 计算离职比例的时候，为了保证公式在向下填充的过程中分母的引用位置不变，要使用绝对引用。

本章内容小结

本章给大家详细介绍了函数在查询员工信息方面的运用。其实查询的本质，就是建立连接。只要表与表之间能够建立连接，便能实现动态查询。

第 8 章

招聘进度统计

- 在招聘过程中应该关注哪些方面?
- 有多少投递简历者最后能被录用?
- 招聘完成率怎么计算?
- 怎么一眼看出各月招聘进度的差异?

计算各岗位不同招聘阶段的简历转化率

计算不同招聘阶段的简历转化率，不仅能细化各招聘阶段的效率问题，也能为以后进行深层次的数据分析打基础。下图所示为汇总的招聘信息表的部分截图。

月份	招聘编号	招聘岗位	招聘部门	计划招聘人数	投递简历数量	HR初步筛选	部门筛选	初试通过人数
1	SL2019-001	总经理	总经办	1	5	3	3	2
1	SL2019-002	会计	财务部	3	12	9	7	5
1	SL2019-003	薪资专员	人事部	2	8	6	3	3
2	SL2019-004	营销经理	市场部	2	10	6	3	2
2	SL2019-005	财务经理	财务部	1	5	3	3	2
2	SL2019-006	采购专员	采购部	2	9	6	5	3
2	SL2019-007	生产主管	生产部	2	10	6	5	5
3	SL2019-008	薪资专员	人事部	2	8	6	4	3

▲ 招聘信息表（部分）

不同招聘阶段的简历转化率的计算公式如下表所示。

转化率	计算公式
HR 初选简历转化率	初选通过简历数 / 收到投递简历数
部门筛选简历转化率	部门筛选简历数 / 初选通过简历数
初试转化率	初试通过人数 / 部门筛选简历数
复试转化率	复试通过人数 / 初试通过人数
报到率	实际报到人数 / 复试通过人数

用每个招聘阶段筛选过后剩余的简历数，除以这个招聘阶段筛选前的简历数就能得到本招聘阶段的简历转化率。因此，要计算简历转化率，需要先汇总统计不同招聘阶段的简历数或人数。

此处要计算的是各岗位不同招聘阶段的简历转化率，就需要先汇总统计各岗位不同招聘阶段的简历数或人数。这实质上就是一种条件求和，需要使用 SUMIF 函数。

SUMIF 函数的主要功能是对范围中符合指定条件的值求和。其语法格式如下。

134　HR 精英这样用 Excel

SUMIF(条件区域，条件，求和区域)

统计不同岗位在不同招聘阶段的简历数或人数，条件区域就是招聘数据明细表中的"招聘岗位"列，条件就是招聘数据汇总表中对应的具体岗位，求和区域是招聘数据明细表中对应的不同招聘阶段列。具体操作步骤如下。

配套资源
- 第 8 章 \ 招聘岗位简历转化率—原始文件
- 第 8 章 \ 招聘岗位简历转化率—最终效果

请观看视频

01 » 打开本实例的原始文件，选中单元格 B2，❶ 切换到【公式】选项卡，❷ 在【函数库】组中单击【插入函数】按钮。

02 » 打开【插入函数】对话框，按下图所示操作。

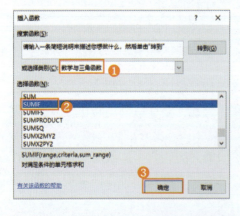

03 » 得到"总经理"岗位的"收到投递简历数"，将公式向下拖曳填充是没有问题的，但是将公式向右拖曳填充时，公式中的条件区域和条件就都不对了。

04» 在本实例中，条件区域应该是固定的，条件应该只随行变化不随列变化，为了方便公式填充，需要将条件区域设置为绝对引用，条件设置为混合引用。将公式填充到需要的单元格区域中即可。

05» 根据不同招聘阶段的简历转化率的计算公式，计算出各个转化率，并将转化率区域的单元格格式设置为百分比。

收到投递简历数	初选通过简历数	部门筛选简历数	初试通过人数	复试通过人数	实际报到人数	HR初选简历转化率	部门初选简历转化率
10	6	6	4	2	1	60%	100%
24	18	14	10	4	4	75%	78%
32	24	14	12	6	6	75%	58%

8.2 计算各部门的招聘完成率

招聘完成率是检验招聘工作完成情况的一项重要指标。在计算招聘完成率时，需要特别注意两点：一是招聘周期，二是招聘完成的节点。在本实例中，我们以一年为一个招聘周期，以实际到岗作为招聘完成的节点。

招聘完成率的计算公式为"实际到岗人数/计划招聘人数"。那么计算各部门的招聘完成率，首先要计算不同部门的实际到岗人数和计划招聘人数。其计算方法与前面计算不同岗位在不同招聘阶段的简历数或人数的方法是一致的，也是使用SUMIF函数。具体操作步骤如下。

配套资源

第 8 章 \ 招聘部门完成率—原始文件
第 8 章 \ 招聘部门完成率—最终效果

请观看视频

01» 打开本实例的原始文件,通过 SUMIF 函数计算出不同部门一年中的计划招聘人数和实际到岗人数。

02» 根据招聘完成率的计算公式,计算出招聘完成率,并将招聘完成率区域的单元格格式设置为百分比。

8.3 一眼看出各岗位的实时招聘进度

为了更好地提高人力资源招聘工作的效率,实时了解招聘进度也是至关重要的。HR 可以根据实时招聘进度及时调整招聘信息的发布。

招聘进度实际就是"招聘完成率",根据"招聘完成率 = 实际到岗人数 / 计划招聘人数",要计算不同岗位的实时招聘进度,首先要确定实时的到岗人数和计划招聘人数。

通常在月初各部门都会向人力资源部提交计划招聘人数,实时的到岗人数则需要 HR 根据入职登记表进行统计。那么,在本例中,我们首先需要根据当月入职登记表来统计已入职的员工数量。

第8章 招聘进度统计

配套资源

第8章\招聘进度表—原始文件

第8章\招聘进度表—最终效果

请观看视频

01» 打开本实例的原始文件，使用 COUNTIFS 函数统计出不同部门不同岗位的当前到岗人数。

	A	B	C	D	E
1	招聘部门	招聘岗位	计划招聘人数	当前到岗人数	完成率
2	财务部	会计	3	2	
3	人事部	薪资专员	2	1	
4	市场部	营销经理	2	1	
5	财务部	财务经理	1	0	
6	采购部	采购专员	4	3	

D2 =COUNTIFS(当月入职登记!C:C,招聘进度!A2,当月入职登记!D:D,招聘进度!B2)

关于 COUNTIFS 函数的功能和语法格式可以参考本书 7.3 节。

02» 根据完成率的计算公式，计算出完成率，并将完成率区域的单元格格式设置为百分比。

E2 =D2/C2

	A	B	C	D	E
1	招聘部门	招聘岗位	计划招聘人数	当前到岗人数	完成率
2	财务部	会计	3	2	67%
3	人事部	薪资专员	2	1	50%
4	市场部	营销经理	2	1	50%

虽然已经计算出了完成率，但是为了更直观地让人一眼看出招聘进度，我们可以为其添加数据条来表示完成率。

03» 选中完成率所在的数据区域 E2:E11，切换到【开始】选项卡，❶在【样式】组中单击【条件格式】按钮，❷在弹出的下拉列表中选择【数据条】选项，然后在其级联菜单中选择一种合适的数据条，即可为选中区域添加数据条。

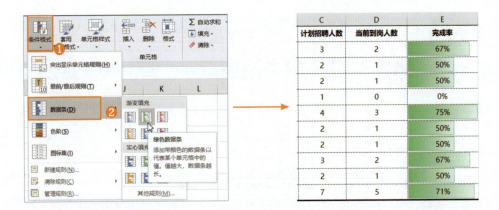

04» 由数据条的呈现结果可以看出，值为"75%"的单元格的数据条是充满整个单元格的，这显然是不符合常规理解的，这是因为在添加数据条时，系统默认将数据区域中的最大的值作为参考值，然后按比例显示数据条，为了使完成率的数据条能以 100% 作为参考值，可以在数据表的顶端添加辅助行。

05» ❶在【样式】组中单击【条件格式】按钮，❷在弹出的下拉列表中选择【清除规则】选项，❸在其级联菜单中选择【清除整个工作表的规则】选项。选中单元格 E1 和单元格区域 E3:E12，按照前面的方法添加数据条。

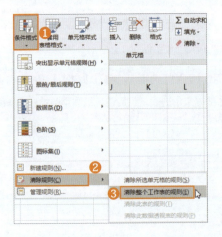

06» 目前完成率和数据条是在一个单元格中同时显示的，略显凌乱，可以在现有"完成率"列的前面插入一列，只显示完成率，不添加数据条，然后选中单元格 F1 和单元格区域 F3:F12，❶单击【条件格式】按钮，❷在弹出的下拉列表中选择【管理规则】选项。

07» 弹出【条件格式规则管理器】对话框，❶单击【编辑规则】按钮，弹出【编辑格式规则】对话框，❷勾选【仅显示数据条】复选框，❸单击【确定】按钮，关闭对话框。

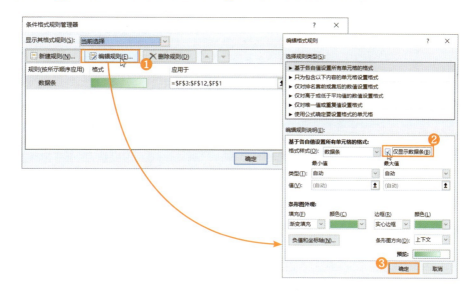

08» 返回工作表，即可使F列仅显示数据条，最后将表格中的第1行隐藏即可。

 本章内容小结

　　本章主要讲解了招聘工作中应该重点关注和计算的相关指标。招聘的流程很长，涉及范围很广，但所用的方法都是大同小异。制作其他类型的表或者计算其他指标亦是如此，重点是能灵活运用 Excel 技能。

第 9 章

培训成绩分析

- 如何对培训成绩进行筛选？
- 如何计算各岗位培训成绩的合格率？
- 计算得出的成绩合格率如何按部门排序？

在第 8 章我们学习了如何使用函数来计算招聘进度的相关指标，在本章我们将学习如何分析员工培训成绩。

企业培训不仅能帮助员工适应工作，更能为企业人事调动安排提供数据支持。按部就班地制订和实施培训计划是不够的，还要对培训成绩进行分析。分析数据并非一定会用到复杂的难以掌握的技能，灵活运用常见的 Excel 技能也能解决很多实际问题。

9.1 员工培训情况筛选

制作好招聘进度表后，小龙接着整理员工培训成绩表，下图所示为该表的部分截图。

员工编号	员工姓名	入职岗位	所属部门	课程名称	出勤得分	课堂评分	测试得分	综合成绩
SL001	郑紫霜	总经理	总经办	新媒体营销	99	66	77	79.75
SL002	李菁	总经理	总经办	新媒体营销	81	52	81	73.75
SL003	郑碧香	总经理	总经办	标杆模仿与整合再造	80	51	81	73.25
SL004	王强	营销经理	市场一部	团队合作与工作管理	55	71	56	59.5
SL005	金成坤	销售专员	市场一部	团队合作与工作管理	88	50	88	78.5
SL006	蒋涵蒸	销售专员	市场一部	营销策划与创新	91	78	92	86.25

▲ 员工培训成绩表（部分）

公司领导层经过研究，决定精减人员，同时为提高员工的工作效率，决定给予培训成绩优秀的员工绩效奖励。市场二部由于销售人员冗杂，是这次精减人员的重点对象，公司要裁掉市场二部中培训成绩不合格的销售专员。这项任务就交给了人力资源部的小龙。

接到任务的小龙马上明白这是要用筛选功能了，觉得任务简单的小龙马上开始统计数据。那么，什么是"筛选"呢？

"筛选"是 Excel 的基础功能之一，在【数据】选项卡中和"排序"功能处于一个组。筛选分为基础筛选和高级筛选。

基础筛选

基础筛选就是单击【排序和筛选】组中的【筛选】按钮,表格首行字段右下角会出现下三角按钮,单击下三角按钮,在弹出的下拉列表中可选择筛选条件。

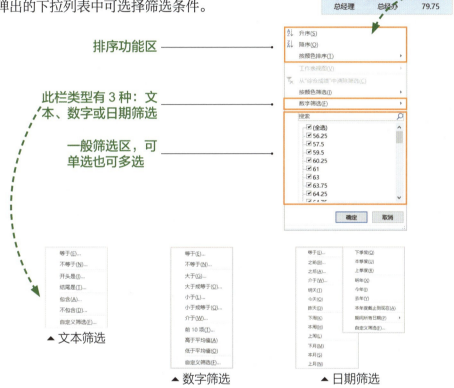

选中某个单元格,单击鼠标右键,在弹出的快捷菜单中也有【筛选】选项。要注意,此功能只以所选单元格的值、背景色、字体颜色或图标为筛选条件。

小龙对于基础筛选功能的使用已经轻车熟路了，三下五除二，就筛选出了优秀成绩人员名单。所谓优秀成绩，指的是综合成绩在 90 分及以上。

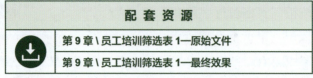

01» 打开本实例的原始文件，选中数据区域中的任意一个单元格，❶单击【筛选】按钮，❷单击"综合成绩"单元格右下角的下三角按钮，❸在下拉列表中选择【数字筛选】选项，❹在弹出的级联菜单中选择【大于或等于】选项。

02» 弹出【自定义自动筛选方式】对话框，❶在【大于或等于】后的文本框中输入数字"90"，❷单击【确定】按钮，即可得出筛选结果。

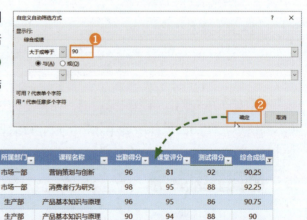

▲ 优秀成绩人员名单

第9章 培训成绩分析   145

高级筛选

小龙做好了优秀成绩人员名单后，却没厘清制作不及格人员名单的思路，仅筛选不及格人员只需要筛选综合成绩在 60 分以下的即可，可本实例还要加上两个筛选条件，即市场二部和销售专员，这该怎么办呢？其实，涉及多条件筛选时用高级筛选功能就可以了。其具体操作步骤如下。

配 套 资 源
第 9 章 \ 员工培训筛选表 2—原始文件
第 9 章 \ 员工培训筛选表 2—最终效果

请观看视频

01» 打开本实例的原始文件，❶首先设置筛选条件，按下图所示输入字段。❷选中数据区域中的任意一个单元格，❸切换到【数据】选项卡，❹单击【排序和筛选】组中的【高级】按钮。

02» 弹出【高级筛选】对话框，❶选中【将筛选结果复制到其他位置】单选钮（不想覆盖原数据），【列表区域】会自动选择原数据区域，❷在【条件区域】中用鼠标选择单元格区域 K2:M3（Excel 会自动将单元格区域的引用方式改为绝对引用），❸在【复制到】中用鼠标单击单元格 K5，❹单击【确定】按钮。筛选结果如下页图所示。

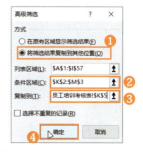

HR 精英这样用

员工编号	员工姓名	入职岗位	所属部门	课程名称	出勤得分	课堂评分	测试得分	综合成绩
SL015	邢水云	销售专员	市场二部	营销策划与创新	55	59	51	54
SL018	沈夏雪	销售专员	市场二部	营销策划与创新	59	53	59	57.5
SL019	严明珠	销售专员	市场二部	营销策划与创新	76	50	53	58
SL022	华文静	销售专员	市场二部	营销策划与创新	70	61	51	58.25

▲ 不及格人员筛选结果

高级筛选使用规则如下。

① 条件区域（本实例中为单元格区域 K2:M3）的字段名与原数据区域的字段名必须完全一致。

② 条件区域中列方向的关系是"且"，行方向的关系是"或"。例如本实例中，条件区域只有一行值，其中的 3 个值是"且"的关系，需要同时满足条件。如果"销售专员"下面还有一行条件（见下图），如"营销经理"，这两行的关系就是"或"，只要满足其中一个条件即可。

③ 勾选【选择不重复的记录】复选框，即可排除重复值。

9.2 计算各岗位培训成绩合格率

合格率的计算公式为"合格人数／总人数"。一般而言，合格人数指的是综合成绩为 60 分及以上的人的数量。可小龙的领导提出了新的要求，将合格指标定义为，出勤得分和综合成绩都要在 70 分及以上。虽然看起来要求很多，但无外乎增加条件而已，使用前面用过的 COUNTIFS 函数就能解决这个问题。

配套资源
第 9 章\部门岗位合格率统计表—原始文件
第 9 章\部门岗位合格率统计表—最终效果

请观看视频

第9章 培训成绩分析 147

01» 打开本实例的原始文件，根据需求做出需要的表格。由于不同的部门会有相同的岗位，因此计算各岗位培训成绩合格率时要加上所属部门作为条件，如下图所示。

02» 选中单元格C2，在编辑栏中输入公式"=COUNTIFS(员工培训考核表 !C:C,A2,员工培训考核表!D:D,B2,员工培训考核表!F:F,">=70",员工培训考核表!I:I,">=70")"，按【Enter】键完成输入，最后将公式填充到下面的单元格区域中。

03» 选中单元格D2，在编辑栏中输入公式"=COUNTIFS(员工培训考核表 !C:C,A2,员工培训考核表!D:D,B2)"，按【Enter】键完成输入，最后将公式填充到下面的单元格区域中。

04» 选中单元格E2，输入公式"=C2/D2"，按【Enter】键完成输入，将公式填充到下面的单元格区域中。

HR 精英这样用

9.3 成绩合格率按部门排序

小龙做好岗位成绩合格率数据表后，想直接发给领导。同事提醒小龙，不如先将数据按部门分类排序，再交给领导，岂不更好。

小龙觉得有道理，就开始学习排序的相关知识，并在原来的表格上进行练习。

问 领导没要求，为啥要用排序呢？

答 岗位是依附部门存在的，如果不做部门间的对比，那岗位成绩合格率的计算意义就会打折扣。

数值排序

数值排序是最常见的排序方法之一。类似"总人数"这样的数值，或者"入职日期"这样的日期，都能进行数值排序操作。但要注意，如果把"总人数"列的数字格式修改为"文本"，那么数值排序就无法进行了。

▲ 常规数字按升序排序

▲ 日期按升序排序

▲ 文本数字按升序排序

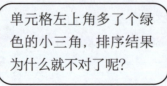

文本排序

除了数值，类似"入职岗位"这样的文本也是可以排序的。规则是对首个文本按字母排序或者是按笔画排列，默认为按字母排序。

▲ 文本按字母升序排序

特殊排序

Excel 还可以根据单元格的背景色、字体颜色或图标进行排序。例如，我们把"入职岗位"列中的有关专员的岗位的字体颜色设置为红色，那么排序的时候就可以将红色字体放置在顶端。在【排序】对话框中，将【排序依据】修改为【字体颜色】，再将【次序】设置为要排序的颜色并选择位置即可。

有时候某一列的数据会出现空值，那么对这一列进行排序时，Excel 会自动把数据分为非空值和空值两部分，然后对非空值部分按升序或降序排列。不管使用哪种方式排序，空值都会被排到非空值后面。

自定义排序

小龙刚学完排序的基本操作,就想对成绩合格率按部门排序。但是,小龙刚要操作就发现无从下手,这是为什么呢?原来,小龙学到的都是单条件排序,即只根据某一列排序。而本实例的需求是,将成绩合格率的排序范围限定在同一部门内,也就是需要按两个条件进行排序。

小龙犯了难,想先用筛选功能选择不同部门数据,再对成绩合格率进行排序,最后将排序结果整合在一起。其实不用那么麻烦,只需要在排序时加一个关键字即可,具体操作步骤如下。

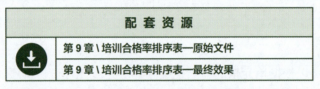

01» 打开本实例的原始文件,选中数据区域中的任意一个单元格,❶切换到【数据】选项卡,❷单击【排序和筛选】组中的【排序】按钮。

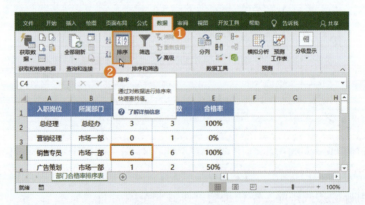

02» 弹出【排序】对话框,按下图所示操作。

第9章 培训成绩分析 151

03» 弹出【自定义序列】对话框，❶在【输入序列】栏中按自己希望的顺序输入部门名称，部门名称之间用【Enter】键换行，❷单击【确定】按钮。

04» 回到【排序】对话框，❶单击【添加条件】按钮，❷将新出现的【次要关键字】字段改为【合格率】，❸将对应的【次序】字段改为【降序】，❹单击【确定】按钮。

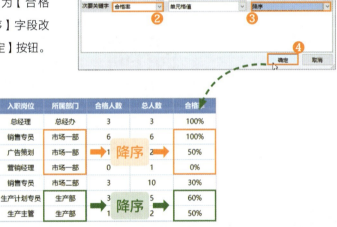

> 💬 **本章内容小结**
>
> 　　有关培训成绩的相关分析我们就讲到这儿。其实不管是指标计算，还是数据结果的再加工，都是为了更好地分析公司的业务情况。技能没有优劣等级差异，每种技能都有它独有的应用范围和难点。所以，我们不仅要学会技能，更要知道在什么样的应用场景使用什么样的技能。

第 10 章

薪酬计算

- 如何快速核算绩效工资？
- 如何快速核算提成工资？
- 如何快速计算考勤工资？
- 如何快速计算社保代扣费用？
- 如何快速计算个人所得税？

第10章 薪酬计算

薪酬计算是人力资源部每个月都要进行的工作。HR 在进行薪酬计算时，一定要认真仔细，避免出错，毕竟薪酬关系着员工的切身利益。

通过对前面章节的学习，我们知道要想表格少出错，就要尽可能减少手动输入和手动计算。因此在进行薪酬计算时，HR 要学会使用函数，通过函数来引用必要的数据。

工资表通常由员工基本信息、基本工资、岗位工资、绩效工资、提成工资、加班工资、考勤扣款、社保代扣费用、个人所得税等部分组成。

员工编号	姓名	部门	岗位	基本工资	岗位工资	绩效工资	提成工资	全勤奖	加班工资	考勤扣款	应发工资	养老保险	医疗保险	失业保险	公积金	税前应发工资	个人所得税	实发工资

工资表中的项目相对较多，如果所有数据都直接在工资表中进行计算的话，计算量会比较大，而且容易出错。因此，在核算工资时，我们通常需要将工资分为多个部分，分别进行核算，核算完成后，将各部分工资通过员工编号引用到工资表中即可。

工资表工作簿中不仅应包含工资表，还应包含工资等级表、绩效工资表、提成工资表、考勤工资表、保险代扣表等。

① 工资表中的基本工资和岗位工资通常来源于工资等级表。
② 工资表中的绩效工资通常来源于绩效工资表。
③ 工资表中的提成工资通常来源于提成工资表。
④ 工资表中的全勤奖、加班工资、考勤扣款通常来源于考勤工资表。
⑤ 工资表中的养老保险、医疗保险、失业保险、公积金通常来源于保险代扣表。

接下来，我们就来学习如何计算员工的薪酬。

10.1 统计基本工资和岗位工资

每个员工在入职的时候，公司都会对员工的工作能力进行基本的判断，然后确定员工的薪资等级和职位等级。薪资等级和职位等级不同，就意味着基本工资和岗位工资不同。

每个员工入职之后都会有一个唯一的员工编号，HR 在计算工资的时候，可以使用 VLOOKUP 函数通过员工编号直接从工资等级表中引用基本工资和和岗位工资。关于 VLOOKUP 函数的功能和语法格式在 7.1 节已经介绍过，此处不再赘述。

配套资源

- 第 10 章 \ 工资表—原始文件
- 第 10 章 \ 工资表—最终效果

请观看视频

01» 打开本实例的原始文件，在"工资表"中选中单元格 E2，❶切换到【公式】选项卡，❷在【函数库】组中单击【查找与引用】按钮，❸在弹出的下拉列表中选择【VLOOKUP】选项。

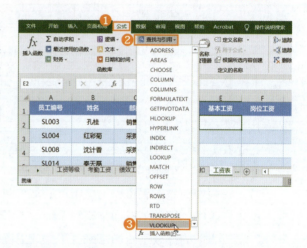

02» 弹出【函数参数】对话框，依次设置 VLOOKUP 函数的 4 个参数。

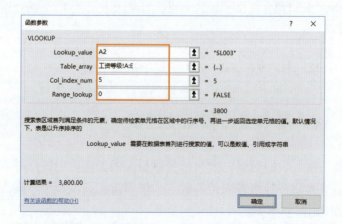

> **提示**
>
> 公式含义：以单元格 A2 的值（SL003）为查找条件，在查找区域（工资等级 !A:E）的第 1 列中匹配单元格 A2 中的数据，找到一模一样的数据（员工编号）之后，返回查找区域的第 5 列中同一行的数据，也就是基本工资。

03» 单击【确定】按钮，返回工作表，即可得到该行员工编号对应的基本工资。

员工编号	姓名	部门	岗位	基本工资	岗位工资	绩效工资	提成工资
SL003	孔桂	销售部	销售专员	3,800.00			
SL004	红彩菊	采购部	采购专员				
SL008	沈计香	采购部	经理				
SL014	秦天磊	销售部	经理				
SL015	时明诚	采购部	采购专员				
SL016	方显丽	财务部	总账会计				

公式：=VLOOKUP(A2,工资等级!A:E,5,0)

04» 在引用其他员工编号对应的基本工资时，公式中的匹配对象的范围、取数的列号以及匹配模式都是不变的，只是<u>员工编号变化</u>而已。而直接向下拖曳填充公式时，也恰好是只有<u>员工编号变化</u>。因此，只需将单元格 E2 中的公式<u>不带格式地</u>填充到下面的单元格区域中，即可得到其他员工编号对应的基本工资。

员工编号	姓名	部门	岗位	基本工资	岗位工资	绩效工资	提成工资
SL003	孔桂	销售部	销售专员	3,800.00			
SL004	红彩菊	采购部	采购专员	4,200.00			
SL008	沈计香	采购部	经理	7,500.00			
SL014	秦天磊	销售部	经理	7,500.00			
SL015	时明诚	采购部	采购专员	4,000.00			

公式：=VLOOKUP(A2,工资等级!A:E,5,0)

05» 按照相同的方法，将每个员工的岗位工资引用到"工资表"中。

员工编号	姓名	部门	岗位	基本工资	岗位工资	绩效工资	提成工资
SL003	孔桂	销售部	销售专员	3,800.00	2,000.00		
SL004	红彩菊	采购部	采购专员	4,200.00	2,000.00		
SL008	沈计香	采购部	经理	7,500.00	6,000.00		
SL014	秦天磊	销售部	经理	7,500.00	5,500.00		
SL015	时明诚	采购部	采购专员	4,000.00	2,000.00		

公式：=VLOOKUP(A2,工资等级!A:F,6,0)

10.2 核算绩效工资

绩效工资主要是公司根据员工工作成绩和劳动效率核发的工资,其理论基础就是"以绩取酬"。公司利用绩效工资对员工总薪酬进行调控,可以激发员工工作的积极性,提升公司的效益。

绩效考核通常是从多个方面进行考核并评分的,然后根据评分结果划分等级,最后根据等级核算绩效工资。

10.2.1 划分绩效等级

例如,某公司的绩效等级根据考核得分划分为 4 个等级,如下表所示。

考核得分	绩效等级
95 分(含)以上	A
85 分(含)~95 分(不含)	B
75 分(含)~85 分(不含)	C
75 分(不含)以下	D

显然绩效考核得分与绩效等级之间是一个逻辑判断的关系。两者的关系如下图所示。

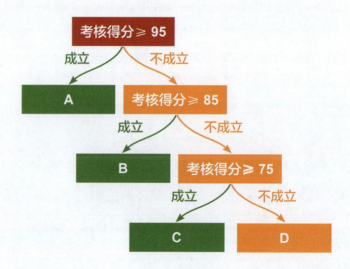

第10章 薪酬计算　157

IF 函数——根据条件判断得到不同结果

配套资源
第 10 章 \ 工资表 01—原始文件
第 10 章 \ 工资表 01—最终效果

请观看视频

关于 IF 函数的功能和语法格式在 7.2 节已经介绍过，此处不再赘述。由于本实例中存在多个逻辑关系，显然使用一个 IF 函数是无法得出准确结果的，这里就需要使用 IF 函数的嵌套功能。

下面我们就先按照逻辑分支图，针对每一层分支写一个 IF 函数。

工号	姓名	部门	绩效得分	绩效等级	绩效工资
SL016	方显丽	财务部	82		
SL043	华正启	财务部	70		
SL065	李婵	财务部	79		

以单元格 E6 中的公式为例，第 1 层的判定公式如下：

=IF(D6>=95,"A",待判定 1)

在第 1 层的判定中，由于只判定了大于等于 95 分的情况，小于 95 分的情况还可以分为两种：大于等于 85 分的为等级 B，小于 85 分的还需要继续判定。所以，要继续用 IF 函数判断一次，第 2 层的判定公式如下：

待判定 1=IF(D6>=85,"B",待判定 2)

在第 2 层的判定中，由于只判定了大于等于 85 分的情况，小于 85 分的情况还可以分为两种：大于等于 75 分的为等级 C，否则判定为等级 D。所以，还要继续用 IF 函数判断一次，第 3 层的判定公式如下：

待判定 2=IF(D6>=75,"C","D")

到这一步,其实问题已经解决。先后将"待判定 1"和"待判定 2"计算公式代入第 1 层的判定公式,就可以直接得到绩效等级划分公式和结果:

=IF(D6>=95,"A",IF(D6>=85,"B",IF(D6>=75,"C","D")))

然后将单元格 E6 中的公式不带格式地填充到下面的单元格区域中,即可得到其他员工的绩效等级划分结果。

> **提示**
>
> 在输入 IF 函数的多层嵌套公式时,如果按照常规的输入方法,连续输入,很容易出现嵌套关系混乱、括号放错位置、漏掉逗号等错误,而且不易排查问题。有一个小技巧,可以让 IF 函数的多层嵌套公式变得更加清晰明了。单击编辑栏右侧的下三角按钮,展开完整的编辑栏,然后分别在 IF 函数名称前单击,按【Alt】+【Enter】组合键强制换行。如此一来,我们就能够清清楚楚地看到每一层公式的判定逻辑。

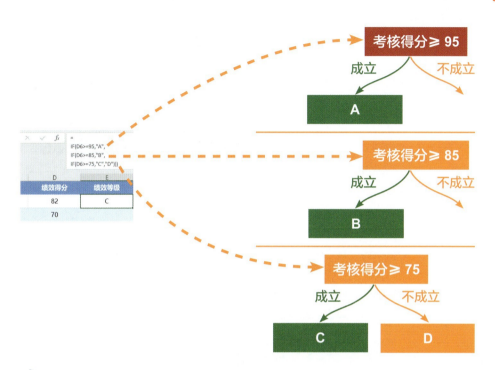

IFS 函数（Excel 2019 中的新函数）

根据绩效考核得分确定绩效等级时，虽然使用 IF 函数的嵌套功能可以完成，但是公式嵌套太多层，极易出错，且不便于修改，也没那么好理解。在 Excel 2019 中，微软公司根据用户这种多条件判断的需求，给出了一个新的函数——IFS 函数。

IFS 函数是 Excel 2019 中新增加的一个函数，它可以替换多层嵌套的 IF 函数，并且更方便用户理解。

IFS 函数的主要功能是检查是否满足一个或多个条件，并返回与第 1 个 TRUE 条件对应的值。其语法格式如下。

IFS(条件1,结果1,条件2,结果2,…)

下面，我们来看看如何使用IFS函数，根据绩效考核得分判断绩效等级。具体操作步骤如下。

01» 打开本实例的原始文件，在"绩效工资"表中选中单元格E6，❶切换到【公式】选项卡，❷在【函数库】组中单击【逻辑】按钮，❸在弹出的下拉列表中选择【IFS】选项。

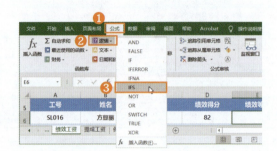

02» 弹出【函数参数】对话框，按评级标准从高到低的顺序依次输入4个条件和4个结果。

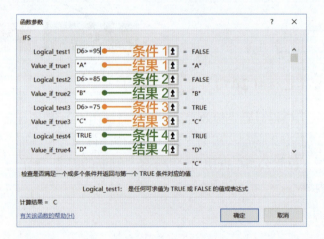

03» 设置完毕后单击【确定】按钮，返回工作表，将单元格E6中的公式不带格式地填充到下面的单元格区域中，即可得到所有员工的绩效等级。

> **提示**
>
> 使用 IFS 函数需要特别注意以下两点。
> ① 由于 IFS 函数的条件参数是满足所有情况的条件,最后一个条件就是除去前面的条件之外的条件,可以直接输入 TRUE,也就是说如果不满足前面的任何条件,那么一定满足最后一个条件。
> ② 与 IF 函数一样,在使用 IFS 函数的时候同样需要注意逻辑顺序,简单地说,条件要么从小到大,要么从大到小。

10.2.2 根据绩效等级引用绩效工资

不同的绩效等级对应不同的绩效工资,某公司的绩效工资与绩效等级的对应关系如下图所示。

	A	B	C	D	E
1	绩效等级	A	B	C	D
2	绩效工资	1500	1000	600	300

根据前面的内容,我们知道,使用 IF 和 IFS 函数都可以根据员工的绩效等级引用对应的绩效工资。

除了使用 IF 和 IFS 函数,有没有更简单的方法呢?

此处的逻辑关系,其实也可以说是一个查找关系,根据绩效等级,按行查找绩效工资。遇到这种情况,不妨试一下 HLOOKUP 函数。

HLOOKUP 函数

HLOOKUP 函数同我们之前所讲的 VLOOKUP 函数是一个"兄弟"函数。HLOOKUP 函数可以实现按行查找数据。其语法格式如下。

HLOOKUP(**查找条件**,**查找区域**,**返回第几行的值**,匹配模式)

那么在本实例中，查找条件就是绩效等级；查找区域是绩效工资与绩效等级的对应关系表；绩效工资在查找区域中位于第2行，就返回第2行的值；本实例中需要进行精确匹配，那么第4个参数就是0。

使用HLOOKUP函数查找绩效工资的具体操作步骤如下。

配套资源
第10章\工资表03—原始文件
第10章\工资表03—最终效果

请观看视频

01» 打开本实例的原始文件，在"绩效工资"表中选中单元格F6，按右图及下图所示操作。

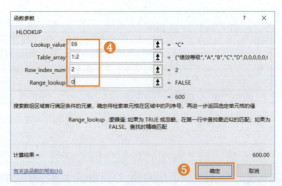

02» 返回工作表，可以看到已经使用HLOOKUP函数查询到单元格E6中的绩效等级所对应的绩效工资。

HLOOKUP 函数默认对所有参数的引用均为相对引用，由于此处我们还需要将公式填充到下面的单元格中，而在计算不同绩效等级对应的绩效工资时，第 2 个参数的范围都应该是固定不变的，因此，需要将其更改为绝对引用。

03» 选中单元格 F6，在编辑栏中选中 HLOOKUP 函数的第 2 个参数"1:2"，按【F4】键，使其由相对引用变为绝对引用，然后将单元格 F6 中的公式不带格式地向下填充到下面的单元格区域中。

04» 使用 VLOOKUP 函数通过员工编号，将"绩效工资"表中的绩效工资引用到"工资表"中。

10.3 核算提成工资

提成工资是根据员工完成的利润额或营业额进行分成，从而取得劳动报酬的一种工资形式。

 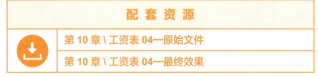

某公司的月销售额与对应计提比例如下页图所示，HR 应该如何根据员工的实际月销售额引用对应的计提比例呢？

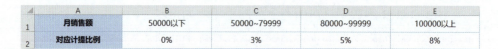

此处的逻辑关系与前面根据绩效等级计算绩效工资的逻辑关系有点儿类似，也是一种查找关系，即根据月销售额按行查找计提比例；不同之处是计算绩效工资时，可**根据具体的绩效等级匹配对应的绩效工资**，而引用计提比例时，则需要**根据具体的月销售额匹配月销售额区间对应的数字**。

在这种情况下，我们可以使用 HLOOKUP 函数的模糊查找模式，因为**如果在数据区域中找不到匹配条件值，HLOOKUP 函数则返回数据区域中小于等于匹配条件值的最大匹配值所对应的结果**。

例如，查找条件值是 6400，查找区域中只有 0、5000、8000 和 10000，那么使用 HLOOKUP 函数的模糊查找模式返回的结果就应该是查找区域中小于等于 6400 的最大匹配值所对应的结果。

查找区域中小于等于 6400 的匹配值有两个：0 和 5000。而 0 和 5000 中的最大值是 5000，因此最终返回结果应该是 5000 所对应的结果。

通过前面的分析可以知道，使用 HLOOKUP 函数的模糊查找模式时，查找区域中的匹配值必须为固定值，而当前月销售额与对应计提比例表中，月销售额为一个区间。因此我们还需要在月销售额与对应计提比例表中插入"销售额匹配值"行，匹配值的具体数值应为区间值的最小值，如下图所示。

第10章 薪酬计算　165

使用 HLOOKUP 函数引用计提比例的具体操作步骤如下。

> **提示**　查找区域中匹配条件的数值必须按从小到大排序。

01» 打开本实例的原始文件，在"提成工资"表中选中单元格 D7，打开 HLOOKUP 函数的【函数参数】对话框，依次设置 HLOOKUP 函数的前 3 个参数，第 4 个参数省略，设置完毕后，单击【确定】按钮。

> **提示**　在计算不同的月销售额对应的计提比例时，第 2 个参数的范围都应该是固定不变的，因此使用绝对引用。

02» 返回工作表，可以看到 HLOOKUP 函数已经查找到单元格 C7 中的当月销售额对应的计提比例。将单元格 D7 中的公式不带格式地填充到下面的单元格区域中。

姓名	员工编号	当月销售额	对应计提比例
SL032	安杰	51,571.20	3%
SL047	曹亦寨	49,555.90	0%
SL059	窦春燕	108,396.20	8%

03» 通过公式"提成总额 = 当月销售额 × 对应计提比例"，计算出各员工的提成总额。

04» 通过 VLOOKUP 函数将"提成工资"表中的提成总额引用到"工资表"中。

由于只有销售部的员工有提成工资,其他部门的员工在"提成工资"表中没有对应内容,因此在"工资表"中就会存在查找不到的值,这些值以错误值"#N/A"的形式显示。

错误值"#N/A"一方面会影响引用该单元格的计算,另一方面会影响表格的视觉效果。因此我们需要将"#N/A"处理为某些指定的不影响计算的结果,如空值或 0 等。这里就需要用到 IFERROR 函数了。

🖱 IFERROR 函数

IFERROR 函数的主要功能是如果公式的计算结果为错误值,则返回指定的值;否则将返回公式的计算结果。其语法格式如下。

IFERROR(公式表达式 , 指定的结果)

可以看出 IFERROR 函数的语法格式非常简单,我们只需要在 VLOOKUP 函数的外层嵌套一层 IFERROR 函数即可。

工资表中有关金额的数字使用了千位分隔格式,在这种格式下,"0"会自动显示为"-"。

10.4 核算考勤工资

现在大部分公司都采用考勤机或一些考勤软件来记录员工的考勤数据。考勤机自身都具有统计功能,HR 无续再手动核算。如果考勤系统统计考勤数据所用的计量单位不同,例如早退、迟到可能是按分钟进行统计的,而请假、加班可能是按天数统计的。因此,在核算考勤工资时,我们需要将计量单位统一。

考勤工资通常可以分为 3 部分:考勤扣款、加班工资和全勤奖。请假、迟到需要扣款,全勤有奖励,加班有加班工资。要核算考勤工资,我们首先需要知道每个月的应出勤天数。

10.4.1 计算应出勤天数

应出勤天数就是自然月的天数减掉周末、法定节假日、其他非法定假日的天数,很多 HR 都是对照日历数出来的,其实不用这么费时费力。HR 可以通过 NETWORKDAYS 函数快速地计算出每个月的应出勤天数。下面我们一起来了解这个函数的功能和语法格式。

◉ NETWORKDAYS 函数

NETWORKDAYS 函数的主要功能是返回开始日期和结束日期之间的所有工作日数。其语法格式如下。

NETWORKDAYS(开始日期 , 结束日期 , 工作日中排除的特定日期)

这个函数中的日期有多种输入方式：带引号的文本串，如 "2020/07/01"；序列号，如使用 1900 日期系统时输入"44013"；或其他公式或函数，如 DATEVALUE("2020/7/1") 的结果。

下面我们就通过 NETWORKDAYS 函数来计算 2020 年 7 月的应出勤天数。2020 年 7 月没有任何法定节假日，第 3 个参数可以省略，计算公式如下：

=NETWORKDAYS("2020/7/1","2020/7/31")

01» 打开本实例的原始文件，在"考勤工资"表中选中需要计算应出勤天数的数据区域，在编辑栏中输入公式"=NETWORKDAYS("2020/7/1","2020/7/31")"。

02» 按【Ctrl】+【Enter】组合键，即可将公式填充到所有选中的数据区域中。

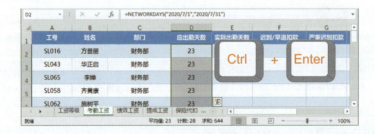

2020 年 7 月是没有法定节假日的，所以将第 3 个参数省略了，如果存在法定节假日呢？例如 2020 年 6 月中，2020/6/25 为端午节，那么在计算 2020 年 6 月的应出勤天数时，"2020/6/25"就是函数的第 3 个参数。

=NETWORKDAYS("2020/6/1","2020/6/30","2020/6/25")

公式含义：计算 2020 年 6 月 1 日到 2020 年 6 月 30 日之间除去星期六、星期日和端午节的所有天数，结果为 21。

NETWORKDAYS.INTL 函数

使用 NETWORKDAYS 函数计算工作日天数时，是在公司**双休**的情况下，但是如果公司执行的是**单休**制度，NETWORKDAYS 函数就不好用了。此时，我们可以使用 NETWORKDAYS.INTL 函数，因为 NETWORKDAYS.INTL 函数可以指定休息日。

NETWORKDAYS.INTL 函数的主要功能与 NETWORKDAYS 函数相似，都是返回开始日期和结束日期之间的所有工作日天数，不同之处是 NETWORKDAYS.INTL 函数可以使用参数**指定休息日**。

其语法格式如下。

NETWORKDAYS.INTL(开始日期 , 结束日期 , 指定休息日 , 工作日中排除的特定日期)

NETWORKDAYS.INTL 函数中的第 1、第 2 和第 4 个参数与 NETWORKDAYS 函数中的意义相同。

第 3 个参数是一个可选参数，用于指定"休息日"的数字或字符串。第 3 个参数的取值和说明如下表所示。

参数取值	休息日	参数取值	休息日
1 或省略	星期六、星期日	11	星期日
2	星期日、星期一	12	星期一
3	星期一、星期二	13	星期二
4	星期二、星期三	14	星期三
5	星期三、星期四	15	星期四
6	星期四、星期五	16	星期五
7	星期五、星期六	17	星期六

下面通过一个具体实例来看看 NETWORKDAYS.INTL 函数的应用。

① 假设某公司的休息日为星期三、星期四，2020 年 7 月没有任何法定节假日，那么 2020 年 7 月的应出勤天数为：

=NETWORKDAYS.INTL("2020/7/1","2020/7/31",5)

公式含义：计算 2020 年 7 月 1 日到 2020 年 7 月 31 日之间除去星期三、星期四的所有天数，结果为 21。

② 假设某公司的休息日为星期日，2020 年 7 月没有任何法定节假日，那么 2020 年 7 月的应出勤天数为：

=NETWORKDAYS.INTL("2020/7/1","2020/7/31",11)

公式含义：计算 2020 年 7 月 1 日到 2020 年 7 月 31 日之间除去星期日的所有天数，结果为 27。

学会了这两个函数，你再也不用对照日历数应出勤天数了！

至于实际出勤天数，目前的考勤系统基本都可以直接将其统计出来。我们可以直接通过 VLOOKUP 函数将其从"考勤月度汇总"表中引用到"考勤工资"表中。

10.4.2 计算考勤扣款

考勤扣款主要是指因迟到、早退、旷工以及请假而发生的扣款。由于每个项目在考勤月度汇总表中的核算单位不同,而且每个项目扣款的比例也不同,因此 HR 需要分别计算。

配 套 资 源

第 10 章 \ 考勤月度汇总—素材文件
第 10 章 \ 工资表 06—原始文件
第 10 章 \ 工资表 06—最终效果

请观看视频

某公司考勤系统导出的考勤月度汇总表如下图所示。

迟到时长（分钟）	严重迟到时长（分钟）	早退时长（分钟）	旷工天数	事假天数	病假天数	婚假天数	年假天数	加班天数
39	0	0	0	0	0	0	0	0
14	0	0	0	0	0	0	0	0
0	0	0	0	0	1	0	0	0

各项目的扣款系数如下表所示。

项目	休息日	项目	休息日
迟到	1	严重迟到	1.5
早退	1	旷工	2
事假	1	病假	0.7

计算迟到扣款

迟到扣款的计算公式如下：

=（基本工资 + 岗位工资 + 绩效工资）/ 应出勤天数 /8/60* 迟到时长 *1

我们可以先分析公式中数据的来源：基本工资、岗位工资和绩效工资来源于工资表，应出勤天数来源于考勤工资表，迟到时长来源于考勤月度汇总表。

可以看到，数据来源相对较多，而且不同来源的数据都需要通过工号来查找引用，为了简化运算，我们可以建立一个或多个辅助列。

例如基本工资、岗位工资和绩效工资来源于工资表，而我们需要在考勤工资表中应用这3项的和，那就意味着我们需要从工资表中引用3次，想想就很烦琐。此时，我们就可以先在工资表中创建一个辅助列，计算出基本工资、岗位工资和绩效工资的和，这样我们就只需要从工资表中引用一次数据就可以了。

01» 打开本实例的原始文件，在"工资表"的数据区域外建立一个辅助列，并在该列中通过加法运算，计算每个员工的基本工资、岗位工资和绩效工资的和。

02» 切换到"考勤工资"表，选中单元格 F2，输入公式，计算迟到扣款，然后将公式不带格式地填充到下面的单元格区域中。

第10章 薪酬计算 173

计算严重迟到扣款

严重迟到的扣款系数为1.5，严重迟到扣款的计算公式如下：

= （基本工资 + 岗位工资 + 绩效工资）/ 应出勤天数 /8/60* 严重迟到时长 *1.5

计算早退扣款

早退的扣款系数为1，早退扣款的计算公式如下：

= （基本工资 + 岗位工资 + 绩效工资）/ 应出勤天数 /8/60* 早退时长 *1

计算事假扣款

在考勤月度汇总表中，事假是按天数核算的。事假扣款的计算公式如下：

= （基本工资 + 岗位工资 + 绩效工资）/ 应出勤天数 * 事假天数

计算病假扣款

在考勤月度汇总表中，病假也是按天数核算的，其扣款系数为0.7。病假扣款的计算公式如下：

= （基本工资 + 岗位工资 + 绩效工资）/ 应出勤天数 * 病假天数 *0.7

计算旷工扣款

在考勤月度汇总表中，旷工也是按天数核算的，其扣款系数为2。旷工扣款的计算公式如下：

= （基本工资 + 岗位工资 + 绩效工资）/ 应出勤天数 * 旷工天数 *2

计算考勤扣款合计值

各项考勤扣款计算完成后，我们就可以计算考勤扣款的合计值了。考勤扣款共 6 项，计算考勤扣款的合计值较直接的方式就是输入公式"=F2+G2+H2+I2+J2+K2"，但逐个相加不仅输入量大，而且容易输错，这时使用 SUM 函数就简单多了。

SUM 函数是专门用来执行求和运算的，要对哪些单元格区域的数据求和，就将这些单元格区域写在参数中。其语法格式如下。

> SUM(参数 1, 参数 2, …)

计算考勤扣款的合计值，直接在单元格中输入"=SUM(F2:K2)"即可。

10.4.3 计算加班工资

在考勤月度汇总表中，加班也是按天数核算的。假设加班工资为正常工资的 2 倍，那么加班工资的计算公式如下：

> =（基本工资 + 岗位工资 + 绩效工资）/ 应出勤天数 * 加班天数 *2

考勤扣款和加班工资计算完成后，就可以使用 VLOOKUP 函数将其引用到工资表中了。

10.4.4 计算全勤奖

全勤奖是公司为规范人力资源管理制度，完善内部奖惩管理规定及福利制度，提高员工的工作积极性和工作效率，提高公司管理水平而设置的一项奖惩制度。

通常，当月在公司规定的上班时间内未出现迟到、早退、非正常休假、旷工者，公司给予全勤奖。其中无论请事假还是病假，均扣除本月全部全勤奖，但是对于婚假、年假等正常休假，不扣除全勤奖。

因此，在计算全勤奖时，只需要判断有没有考勤扣款即可，没有考勤扣款，则有全勤奖 200 元，否则没有全勤奖。其逻辑关系如下图所示。

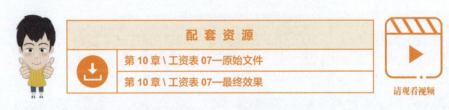

这是一个判断问题，因此可以使用 IF 函数。

根据计算全勤奖的逻辑关系和 IF 函数的语法格式，可以得出，全勤奖的计算公式为：

第10章 薪酬计算

> =IF(考勤扣款 =0,200,0)

打开本实例的原始文件,在"工资表"中选中单元格 I2,输入计算全勤奖的公式"=IF(K2=0,200,0)",按【Enter】键完成输入,将公式不带格式地填充到下面的单元格区域中,即可得到所有员工的全勤奖。

至此,员工在扣除社保和个人所得税之前的应发工资就可以计算出来了,计算公式为"=基本工资+岗位工资+绩效工资+提成工资+全勤奖+加班工资-考勤扣款"。

10.5 核算社保代扣费用

影响社保缴纳金额的因素有两个:社保基数和缴纳比例。缴纳比例相对固定,但是社保基数每年都会有些许变化。

10.5.1 确定社保基数

社保基数是指职工在一个社保年度的社会保险缴费基数。它是按照职工上一年度 1~12 月的所有工资性收入所得的月平均额来进行确定的。

配套资源

第 10 章\2020 年社保基数—原始文件

第 10 章\2020 年社保基数—最终效果

请观看视频

例如，在 2020 年 1 月，计算完 2019 年 12 月的工资之后，HR 就可以将 2019 年 1~12 月的工资合并到一张表中，然后保留需要的列，删除多余列。

月份	员工编号	姓名	部门	岗位	应发工资
1月	SL003	孔桂	销售部	销售专员	6,448.86
1月	SL004	红彩菊	采购部	采购专员	4,698.69
1月	SL008	沈计香	采购部	经理	10,146.34
1月	SL014	秦天磊	销售部	经理	6,982.37

有了全年的工资，接下来就可以计算员工 2019 年的月平均工资了。计算员工的月平均工资，就是根据员工编号对其一年的工资求平均值。换言之，就是根据条件求平均值。在 Excel 中有一个专门用于根据条件求平均值的函数，那就是 AVERAGEIF 函数。

AVERAGEIF 函数

AVERAGEIF 函数的主要功能是返回某个区域内满足给定条件的所有单元格的平均值（算术平均值）。如果条件中的单元格为空白单元格，AVERAGEIF 函数就会将其值视为 0 。其语法格式如下。

AVERAGEIF(条件区域 , 条件 , 求平均值的区域)

根据员工编号和上一年度各月的应发工资，计算上一年度的月平均工资，那么条件区域就是 2019 年工资汇总表中的员工编号区域，条件则是社保基数表中某个员工编号，求平均值的区域为 2019 年工资汇总表中的应发工资区域。

01» 打开本实例的原始文件，❶新建一张"社保基数"表，❷将"2019 年工资汇总"表中的"员工编号"列和"姓名"列复制到"社保基数"表中，❸切换到【数据】选项卡，❹在【数据工具】组中单击【删除重复值】按钮。

第10章 薪酬计算 179

02» 弹出【删除重复值】对话框，保持默认设置，❶单击【确定】按钮，弹出【Microsoft Excel】提示框，提示用户已经将重复值删除，❷单击【确定】按钮。

03» 返回"社保基数"表，在"姓名"列后面添加两列："平均工资"列和"社保基数"列，并对数据区域的单元格格式进行设置。AVERAGEIF 函数属于统计函数，因此只需选中单元格 C2，❶切换到【公式】选项卡，❷在【函数库】组中单击【其他函数】按钮，在弹出的下拉列表中❸选择【统计】▶❹【AVERAGEIF】选项。

04» 弹出【函数参数】对话框，依次设置 AVERAGEIF 函数的 3 个参数。

05» 设置完毕后，单击【确定】按钮，返回工作表，即可看到 AVERAGEIF 函数计算出的员工编号为 SL003 的平均工资，然后将单元格 C2 中的公式不带格式地填充到下面的单元格区域中，即可得到所有员工的平均工资。

社保基数有上下限的规定，最低不能低于上年度全市职工月平均工资的 60%；最高不能高于上年度全市职工月平均工资的 300%。本市职工的月平均工资每年由市统计局公布。

例如某企业所在城市的职工月平均工资为 5448 元，那么社保基数的下限应该为 5448 元 ×60%，即 3268.8 元；社保基数的上限应该为 5448 元 ×300%，即 16344 元。也就是说，社保基数既要以上一年度的月平均工资为标准，又要遵循当地社保基数的上下限的规定。社保基数与月平均工资的关系如下图所示。

但是这里需要注意的是,在使用上一年度的月平均工资作为社保基数时,通常需要将月平均工资**四舍五入到十位数**,如下表所示。

月平均工资 / 元	社保基数 / 元
3000	3268.8
3526	3530
3522	3520
16826	16344

在 Excel 中对数字进行四舍五入时可以使用 ROUND 函数。

 ROUND 函数

ROUND 函数的主要功能是按指定的位数对数值进行四舍五入。其语法格式如下。

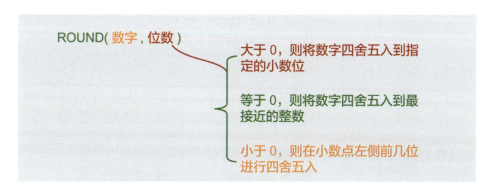

为了更好地理解上述两个参数的意义,我们可以看看下表中的几个实例。

单元格 A1 中的数字	语法格式	含义
188.34	=ROUND(A1,1)	188.3
188.34	=ROUND(A1,0)	188
188.34	=ROUND(A1,-1)	190

知道了月平均工资和社保基数的上下限，HR 就可以使用 IFS 函数嵌套 ROUND 函数，确定出每个员工的社保基数了。

01» 选中单元格 D2，按下图所示操作。

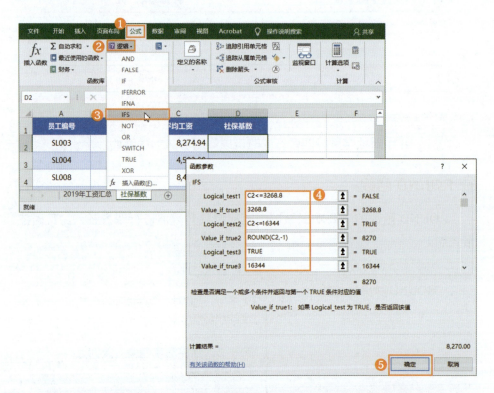

02» 返回工作表，将单元格 D2 中的公式不带格式地填充到下面的单元格区域中，即可得到上一年度所有在职员工的社保基数。

对于本年度新入职的员工以入职时商定的月工资为社保基数，并将社保基数录入本年度的社保基数表中。

10.5.2 计算社保代扣费用

配套资源

第 10 章 \ 2020 年社保基数—素材文件

第 10 章 \ 工资表 08—原始文件

第 10 章 \ 工资表 08—最终效果

请观看视频

社保基数确定之后，HR 就可以使用 VLOOKUP 函数，将社保基数引用到保险代扣表中。

	A	B	C	D	E	F	G
C2				=VLOOKUP(A2,[2020年社保基数—素材文件.xlsx]社保基数!$A:$D,4,0)			
1	员工编号	姓名	保险基数	养老保险	医疗保险	失业保险	公积金
2	SL003	孔桂	8,270.00				
3	SL004	红彩菊	4,590.00				
4	SL008	沈计香	8,420.00				
5	SL014	秦天磊	7,970.00				

假设公司所在地区，养老保险、医疗保险、失业保险以及公积金的缴纳比例分别为 8%、2%、0.3% 和 5%，将社保基数乘以对应的比例，即可得到各项保险的代扣费用了。

	A	B	C	D	E	F	G
1	员工编号	姓名	保险基数	养老保险	医疗保险	失业保险	公积金
2	SL003	孔桂	8,270.00	661.60	165.40	24.81	413.50
3	SL004	红彩菊	4,590.00	367.20	91.80	13.77	229.50
4	SL008	沈计香	8,420.00	673.60	168.40	25.26	421.00
5	SL014	秦天磊	7,970.00	637.60	159.40	23.91	398.50

在保险代扣表中计算出各项保险的代扣费用后，HR 就可以使用 VLOOKUP 函数将各项保险的代扣费用引用到工资表中了。

	L	M	N	O	P	Q
P2				=VLOOKUP(A2,保险代扣!A:G,7,0)		
1	应发工资	养老保险	医疗保险	失业保险	公积金	税前应发工资
2	6,098.89	661.60	165.40	24.81	413.50	
3	6,504.35	367.20	91.80	13.77	229.50	
4	14,093.61	673.60	168.40	25.26	421.00	
5	19,000.98	637.60	159.40	23.91	398.50	

10.6 核算个人所得税

个人所得税是以自然人取得的各项应税所得为对象所征收的一种税。个人所得税有一个起征点，应税所得没有达到起征点的居民是不用缴纳的。目前个人所得税的起征点为每月 5000 元。这里以每月工资的个人所得税的计算为例说明，具体公式如下：

> 应纳税额 =(税前应发工资 − 起征工资)× 对应税率 − 速算扣除数

由上面的公式可以得知，要计算应纳税额，必须知道税前应发工资。税前应发工资就是应发工资减去各项保险的代扣费用后的工资。

	L	M	N	O	P	Q	R
1	应发工资	养老保险	医疗保险	失业保险	公积金	税前应发工资	个人所得税
2	6,098.89	661.60	165.40	24.81	413.50	4,833.58	
3	6,504.35	367.20	91.80	13.77	229.50	5,802.08	
4	14,093.61	673.60	168.40	25.26	421.00	12,805.35	
5	19,000.98	637.60	159.40	23.91	398.50	17,781.57	

速算扣除数是按全额累进税率计算的税额和按超额累进税率计算的税额相减后的一个差数。

例如，应发工资是 9800 元，那么

按全额累进税率计算的纳税额 =(9800 − 5000)× 10%=480 元

按超额累进税率计算的纳税额 =(8000 − 5000)× 3%+(9800 − 8000)× 10%= 270 元，对应的速算扣除数 =480 − 270=210 元

目前个人所得税的速算扣除数如下页表所示。

级数	工资额	应纳税所得额	扣除比例	速算扣除数/元
0	5000（含）元以下	0		
1	5000（不含）~8000（含）元	不超过 3000 元的部分	3%	0
2	8000（不含）~17000（含）元	超过 3000 元至 12000 元的部分	10%	210
3	17000（不含）~30000（含）元	超过 12000 元至 25000 元的部分	20%	1410
4	30000（不含）~40000（含）元	超过 25000 元至 35000 元的部分	25%	2660
5	40000（不含）~60000（含）元	超过 35000 元至 55000 元的部分	30%	4410
6	60000（不含）~85000（含）元	超过 55000 元至 80000 元的部分	35%	7160
7	85000（不含）元以上	超过 80000 元的部分	45%	15160

根据个人所得税的计算公式，结合上面的速算扣除数表，我们首先想到的是进行逻辑判断，使用 IFS 函数计算个人所得税。但是此处工资额总共分为了 8 个等级，这就意味着进行个人所得税计算时，要进行 7 次逻辑判断，如果使用 IFS 函数，就需要有 8 组（16 个）参数，公式比较长。

```
=IFS(Q2<=5000,0,
Q2<=8000,(Q2-5000)*3%,
Q2<=17000,(Q2-5000)*10%-210,
Q2<=30000,(Q2-5000)*20%-1410,
Q2<=40000,(Q2-5000)*25%-2660,
Q2<=60000,(Q2-5000)*30%-4410,
Q2<=85000,(Q2-5000)*35%-7160,
TRUE,(Q2-5000)*45%-15160)
```

	L	M	N	O	P	Q	R	S
1	应发工资	养老保险	医疗保险	失业保险	公积金	税前应发工资	个人所得税	实发工资
2	6,098.89	661.60	165.40	24.81	413.50	4,833.58	-	
3	6,504.35	367.20	91.80	13.77	229.50	5,802.08		

而 Excel 提供的数组公式可以一次性实现对多个数据的计算，从而避免单个计算所带来的烦琐步骤，使计算效率得到大幅度提高。

例如，"=1×4+2×5+3×6" 转换为数组公式就是 "= SUM({1,2,3}+{4,5,6})"。

那么我们是否可以使用数组公式计算个人所得税呢？答案是肯定的。

下面我们先来看看，对于同样的税前应发工资，如果使用不同的扣除比例和速算扣除数，<u>直接使用个人所得税计算公式计算出来的应纳税额和实际应该纳税额</u>之间有什么关系。

级数	扣除比例	速算扣除数	使用公式计算的应纳税额			
			4000	6000	9000	12000
1	3%	0	-30	30	120	390
2	10%	210	-310	-110	190	1090
3	20%	1410	-1610	-1210	-610	1190
4	25%	2660	-2910	-2410	-1660	590
5	30%	4410	-4710	-4110	-3210	-510
6	35%	7160	-7510	-6810	-5710	-2610
7	45%	15160	-15160	-14710	-13360	-9310
实际应纳税额			0	30	190	1190

通过上表可以看出：

当应发工资（以下简称为工资）为 4000 元时，工资是低于个人所得税起征点的，因此使用个人所得税公式计算出的个人所得税都为负值，与 0 相比，0 是最大值，实际应缴个人所得税则是 0 元；

当工资为 6000 元、9000 元或 12000 元时，工资都是高于个人所得税起征点的，使用公式计算出的个人所得税的值有正有负，其中最大值分别为 30、190、1190，实际应缴个人所得税则分别是 30 元、190 元、1190 元。

由此可得出结论，当工资高于个人所得税起征点时，应扣除的个人所得税是使用不同级数对应的扣除比例和速算扣除数计算出来的结果中的最大值。当工资低于个人所得税起征点时，计算出来的个人所得税都是负值，如果与 0 相比较的话，0 则是最大值。因此，我们在计算个人所得税时，只要求得使用不同级数对应的扣除比例和速算扣除数得到的个人所得税与 0 相比的最大值即可。

在 Excel 中计算最大值，我们可以使用 MAX 函数。

MAX 函数的主要功能是返回一组数值中的最大值。其语法格式如下：

MAX(数值 1, 数值 2, ⋯)

那么计算个人所得税的公式应该为：

=MAX((税前应发工资−起征工资)× 对应税率（数组）−速算扣除数（数组）,0)

应用到本实例中的结果如下图所示。

最后使用税前应发工资减去个人所得税，就可以得到员工的实发工资了。

10.7 公式错误排查技巧

公式中出现错误值、公式计算结果不对等，是每一个 HR 在使用公式时都必然会遇到的难题。很多新手，一遇到状况百出的公式就不知所措。而有经验的 HR 却会细心检查，耐心调整，边试错边观察细微的变化，一步步得出正确结果。

10.7.1 公式错误常见类型

在使用公式时，公式出现错误在所难免。不同类型的公式错误会产生不同的错误值，因此我们要正确认识这些错误值，才能找出错误原因，修改公式。

● 错误值 #DIV/0!

我们都知道在数学运算中，0 是不能做除数的。在 Excel 中也一样，如果使用 0 做除数，单元格中就会显示错误值 #DIV/0!。除此之外，使用空单元格做除数，单元格中也会显示错误值 #DIV/0!。因此在 Excel 中使用公式时，如果看到错误值 #DIV/0!，我们应首先检查除数是否为 0 或空值。

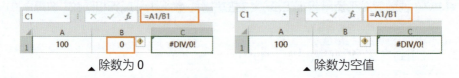

▲ 除数为 0　　　　　　　　　　　　　▲ 除数为空值

🖱 错误值 #VALUE!

在 Excel 中，不同类型的数据、运算符能进行的运算类型不同。例如算数运算符可以对数值型数据和文本型数据进行运算，但是不能对纯文本进行运算。如果强行对其执行运算，单元格中就会显示错误值 #VALUE!。

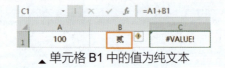

▲ 单元格 B1 中的值为纯文本

🖱 错误值 #N/A

错误值 #N/A 一般出现在查找函数中。当在数据区域中查找不到与查找内容相匹配的数值时，就会返回错误值 #N/A。所以当结果中出现错误值 #N/A 时，我们首先应查看查找内容在不在数据区域内。

员工编号	姓名	社保基数		
SL032	安杰	10440		
SL047	曹亦寒	8480	2020 年社保基数表中没有 SL094 的社保基数信息	
SL059	窦春燕	10130		
SL094	冯占博	#N/A		

公式：=VLOOKUP(A2,[2020年社保基数.xlsx]社保基数!$A:$D,4,0)

🖱 错误值 #NUM!

通常，函数对参数都是有要求的。如果我们在使用函数时，设置的参数是无效的数值，就会返回错误值 #NUM!。例如 SQRT 是用于求平方根的函数，所以其参数应该为非负数，若为负数，就是无效参数，就会返回错误值 #NUM!。

错误值 #REF!

在 Excel 中，一般返回错误值 #REF! 的原因是误删了公式中原来引用的单元格或单元格区域。

错误值 #NAME?

如果在公式中输入了 Excel 不能识别的文本字符，就会返回错误值 #NAME?。一个常见的错误原因就是文本字符没加双引号或者非文本字符加了双引号。

10.7.2 找到公式错误的根源

对于一些比较简单的公式，我们可以根据 10.7.1 小节中介绍的公式错误常见类型找到公式错误的原因，但是如果公式比较复杂，尤其是公式的参数为嵌套的其他公式的时候，该怎么办呢？

别着急，在 Excel 的【公式】选项卡中有一系列的公式审核、查错工具，当公式出现问题时，我们可以尝试利用这些工具进行排查。

10.8 函数记不住怎么办

由于 Excel 中函数的数量比较多，我们难免会出现对某个函数记忆不牢的情况。面对这种情况时不用担心，因为在输入函数的时候，我们有许多技巧可用。

🖱 关键词

在遇到问题，不知道使用哪个函数或者对要使用的函数不熟悉时，我们可以使用关键词来查找需要的函数。

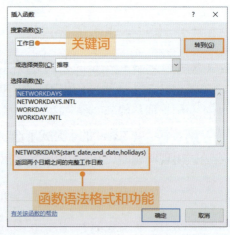

单击编辑栏中的【插入函数】按钮，弹出【插入函数】对话框，在【搜索函数】文本框中输入关键词，单击【转到】按钮，系统就可以根据关键词搜索相关的函数。选择一个函数，就能在其下方看到该函数的语法格式和功能，以帮助我们找到需要的函数。

函数的帮助说明

在输入函数的过程中，如果记不起参数要求了，在浮动提示栏上单击函数名称，就可以直接查看该函数的帮助说明。

公式浮窗提示

在输入函数时，如果需要输入的函数名称比较长，不容易记住怎么办呢？Excel 为用户提供了公式浮窗提示功能，可以根据用户输入的函数名的部分字母进行实时搜索并提示。例如用户要输入 SUMPRODUCT 函数，只需要输入"=SUM"，系统即可弹出所有带有 SUM 的函数的列表，用户只需要在该列表中双击需要的函数即可。

第11章

人事信息多角度统计

- 如何多角度统计人事信息？
- 如何从需求出发设计表单？
- 如何利用函数公式填写数据？

11.1 快速统计在职员工人数

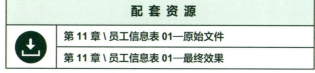

在公司日常经营中，HR 时常需要统计人数。例如定制工装、分发福利、预定春游门票、分配部门活动经费等，一般都是按人头分配，这时就需要统计人数。

01» 打开本实例的原始文件，选中数据区域中的任意一个单元格，单击【插入】选项卡，按图所示操作。

02» 弹出一个新工作表，页面左侧属于数据透视表放置区域，右侧是【数据透视表字段】任务窗格。

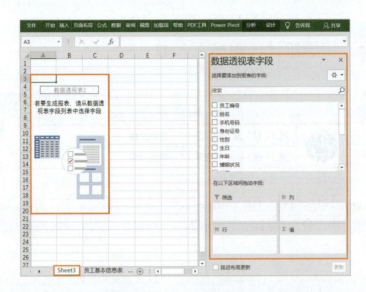

03» ❶将【是否在职】字段拖曳到【筛选】区域,❷将【部门】字段拖曳到【行】区域,❸将【员工编号】字段拖曳到【值】区域。❹在工作表中生成数据透视表。

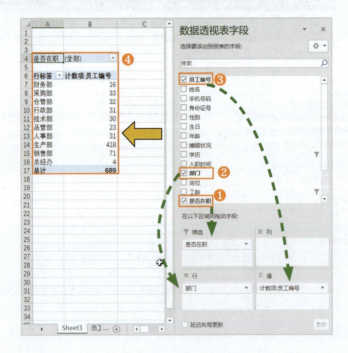

第11章 人事信息多角度统计　195

04» 通过选择得到在职员工人数。❶单击【是否在职】右侧的下三角按钮，❷勾选【选择多项】复选框，❸取消勾选【全部】复选框，❹勾选【是】复选框，❺单击【确定】按钮。❻在数据透视表中可看到按部门快速筛选出的在职员工人数。

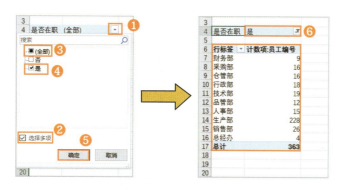

05» 将报表格式由默认的"压缩形式"调整为易读的"表格形式"。切换到【数据透视表工具】，❶单击【设计】选项卡，❷单击【布局】组中的【报表布局】按钮，❸在弹出的下拉列表中选择【以表格形式显示】选项。❹在数据透视表中可看到"行标签"变成了"部门"，这更符合我们的报表阅读习惯。

如果想要进行的查询更复杂，例如我们想要查询在职员工中入职满一年、学历为大学本科及以上的女员工数，可以进行如下操作。

06» 将更多字段拖曳到【筛选】区域，左侧报表区域会相应变化。

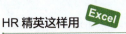

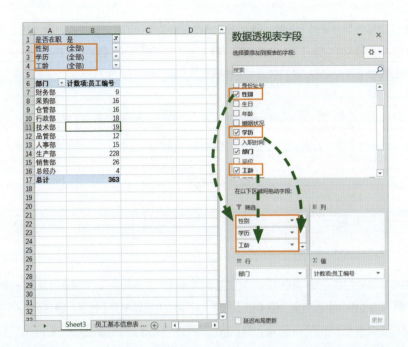

07» 通过选择得到最终结果。❶单击【性别】右侧的下三角按钮，❷勾选【选择多项】复选框，❸取消勾选【全部】复选框，❹勾选【女】复选框，❺单击【确定】按钮。❻单击【学历】右侧的下三角按钮，❼勾选【选择多项】复选框，❽取消勾选【全部】复选框，勾选【大学本科】【硕士研究生】【博士研究生】复选框，❾单击【确定】按钮。❿单击【工龄】右侧的下三角按钮，⓫勾选【选择多项】复选框，⓬取消勾选【全部】复选框，勾选【1】【2】复选框，⓭单击【确定】按钮。即可快速筛选出入职满一年、学历为大学本科及以上的女性在职员工人数。

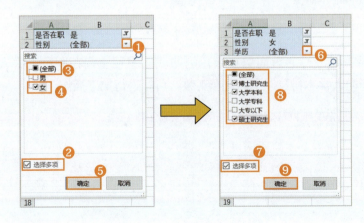

第11章 人事信息多角度统计　197

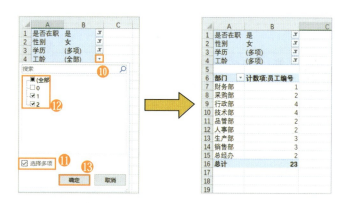

问 如果右侧的任务窗格突然消失了，该怎么把它找出来呢？

答
　　选中数据透视表中的任意一个单元格，单击鼠标右键，在弹出的快捷菜单中选择【显示字段列表】菜单项，【数据透视表字段】任务窗格就会出现。

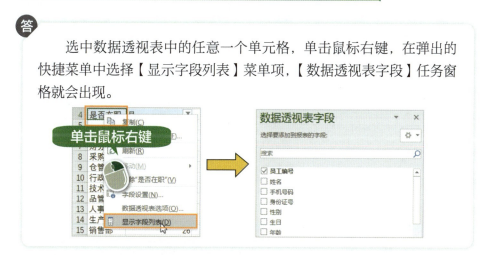

11.2 按部门快速查看在职员工人数的统计结果

　　通过前面的操作，我们得到了右图所示的数据透视表，表中显示了所有部门的统计结果，如果想单独查看其中某个或某几个部门的统计结果还是不够直观，那么，如何按部门来查看统计结果呢？
　　数据透视表自带切片器的功能。我们可以通过切片器来选择部门，查询数据时，单击切片器中对应部门的按钮，即可快速查看该部门的统计结果。

HR 精英这样用

配 套 资 源

第 11 章 \ 员工信息表 02—原始文件

第 11 章 \ 员工信息表 02—最终效果

请观看视频

01» 插入切片器。打开本实例的原始文件，❶单击数据透视表中的任意一个单元格，❷单击【插入】选项卡，❸在【筛选器】组中单击【切片器】按钮，弹出【插入切片器】对话框，❹勾选【部门】复选框，❺单击【确定】按钮，❻即可插入切片器。

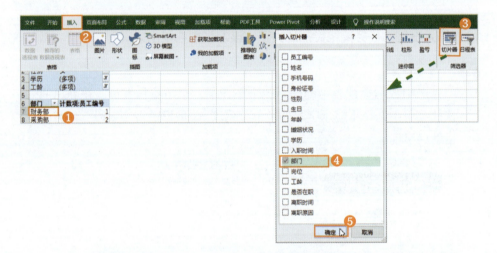

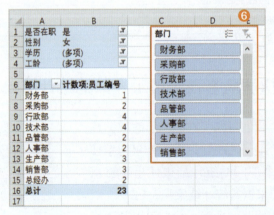

02» ❶单击切片器中的【财务部】按钮,即可看到财务部的统计结果。❷单击切片器中的【采购部】按钮,即可看到采购部的统计结果。

11.3 填写在职员工结构表

在人力资源工作中,有时我们需要多角度、细致地分析员工结构,例如按照"性别""学历""年龄"等进行分类统计。这样分析的好处是,能让人对员工结构一目了然,轻松地判断员工结构是否健康。我们平时上交给领导的报表大部分都是这样的格式。

而要以这种结构呈现数据,使用数据透视表来实现略有些麻烦,这时可以利用函数取数。因为表中单元格的填写逻辑都是按条件取数,所以用到的是COUNTIFS函数。此函数在第7章已经详细讲过,此处不再重复讲解。

下面,我们一步步来填写在职员工结构表,以学习如何利用函数取数。

"员工人数"列的填写

下面以填写财务部在职员工人数为例进行介绍。这里需要满足如下两个条件：（1）原始数据表中的"部门"列等于"财务部"；（2）原始数据表中的"是否在职"列等于"是"。

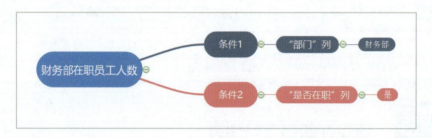

弄懂了取数逻辑，我们就可以填写相应的函数公式了。

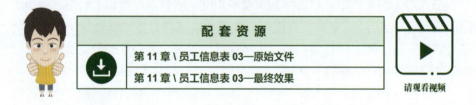

配套资源
第 11 章 \ 员工信息表 03—原始文件
第 11 章 \ 员工信息表 03—最终效果

请观看视频

01» 设置好 COUNTIFS 函数的 4 个参数，单击【确定】按钮。

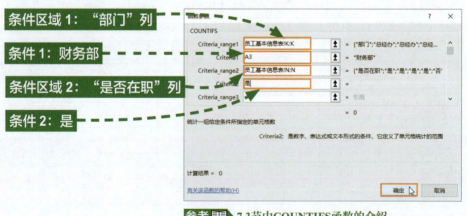

参考 7.3节中COUNTIFS函数的介绍

02» 完整的公式及得到的结果如下图所示。

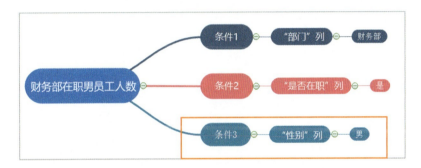

"性别"列的填写

下面以填写财务部在职男员工人数为例进行介绍。这里需要在"财务部""在职员工"的基础上添加一个条件"男",即原始数据表中的"性别"列等于"男"。

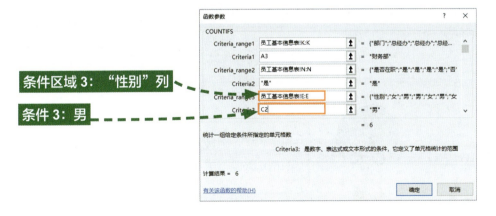

接下来,我们填写相应的函数公式。

01» 设置好COUNTIFS函数的6个参数,如下图所示。

02» 为了使公式可以拖曳填充（通过拖曳黑色十字形状的鼠标指针进行），我们分别选中条件区域1、2、3，按【F4】键，根据需要将其变为绝对引用；选中条件1、3，连续按【F4】键，将其变为混合引用。单击【确定】按钮。

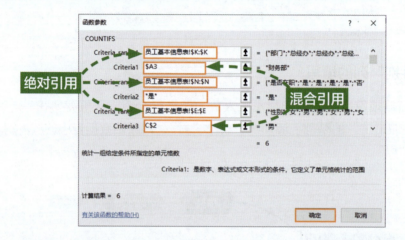

03» 完整的公式及得到的结果如下图所示。

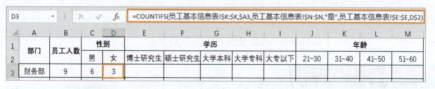

04» 财务部在职女员工人数可以通过拖曳的方式填充，完整的公式及得到的结果如下图所示。

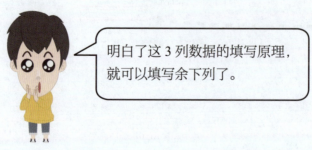

明白了这3列数据的填写原理，就可以填写余下列了。

"学历"列的填写

财务部在职博士研究生员工人数的填写与财务部在职男员工人数的填写相比，只需改变最后一个条件，如下图所示。按照相应逻辑填写公式，即可得到结果。向右拖曳，将财务部对应的"学历"列填充完整。

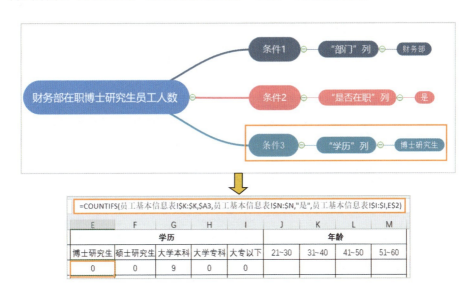

"年龄"列的填写

下面以填写财务部 21~30 岁的在职员工人数为例进行介绍，与填写财务部在职员工人数相比，前两个条件依然不变，最后一个条件需分解为">=21"且"<=30"两部分。

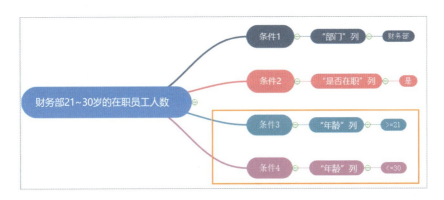

01» 设置好 COUNTIFS 函数的 8 个参数，单击【确定】按钮。

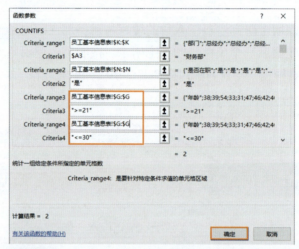

> **参考** 7.3节中COUNTIFS函数的介绍

02» 完整的公式及得到的结果如下图所示，向右拖曳，填充完财务部对应的"年龄"列。

	学历				年龄			
博士研究生	硕士研究生	大学本科	大学专科	大专以下	21~30	31~40	41~50	51~60
0	0	9	0	0	2	3	4	0

03» 选中单元格区域 B3:M3，将鼠标指针移动到单元格 M3 的右下角，当鼠标指针变成黑色十字形状时，向下拖曳，即可将公式填充至整个表格。"合计"行用 SUM 函数进行计算，其操作很简单，这里不具体展示。

部门	员工人数	性别		学历					年龄			
		男	女	博士研究生	硕士研究生	大学本科	大学专科	大专以下	21~30	31~40	41~50	51~60
财务部	9	6	3	0	0	9	0	0	2	3	4	0
采购部	16	8	8	0	0	9	6	1	2	10	4	0
行政部	18	8	10	0	1	5	3	9	4	6	7	1
技术部	19	9	10	0	3	9	6	1	2	11	6	0
品管部	12	7	5	0	0	8	2	2	3	6	3	0
人事部	15	8	7	0	1	8	2	4	3	9	3	0
生产部	228	105	123	0	0	2	53	164	31	99	89	9
销售部	26	14	12	0	1	13	10	2	7	10	9	0
总经办	4	2	2	0	0	2	0	0	0	3	0	1
合计	347	167	180	0	9	71	82	183	53	157	125	12

至此，在职员工结构表就填写好了。当原始数据表中的数据发生任何变化时，相关函数会自动获取最新数据，无须 HR 手动更新。

今后，领导每次想要查看最新数据时，HR 都可以将该表直接并上交，真正做到一劳永逸。

11.4 统计各部门当月人数变化

人员流动是企业发展过程中的必然现象。

HR 需密切关注人员流动情况。人员流动过快或过慢，都会影响企业的健康发展。保持合适的人员流动，可以使企业资源得到合理配置，同时能使企业的发展保持活力。

一般对当月人员变化进行分析时，我们需要填写右图所示的表格。

填写此表时，我们也可以运用 COUNTIFS 函数。

下面就以财务部 2020 年 4 月入职员工人数为例进行介绍，这里需要满足如下 3 个条件。

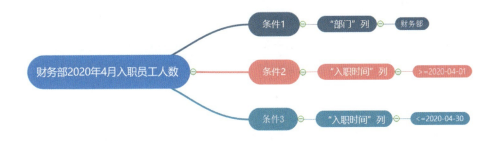

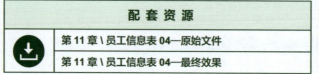

配 套 资 源
第 11 章 \ 员工信息表 04—原始文件
第 11 章 \ 员工信息表 04—最终效果

请观看视频

弄懂逻辑后，开始填写函数公式。

01» 设置好 COUNTIFS 函数的 6 个参数，单击【确定】按钮。

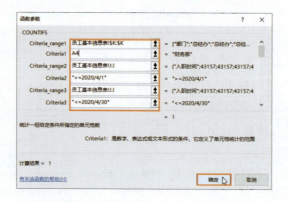

02» 完整的公式及得到的结果如下图所示。

统计财务部 2020 年 4 月离职员工人数时，我们只需将后两个条件区域由"入职时间"列，改成"离职时间"列。

03» 设置好函数参数后，完整的公式及得到的结果如下图所示。

04» "人员增减 = 入职 – 离职",完整的公式及得到的结果如右图所示。将公式向下填充整个表格,"合计"行利用 SUM 函数进行计算(此函数的应用比较简单,就不再说明),得到右图所示的统计结果。

这样,我们就清晰地分析出各部门当月人员增减情况了。根据"人员增减"数据,我们可以一眼看出,除了行政部和销售部呈现为人员"净流出"状态,以及品管部和总经办人数不变,其他部门都呈现为人员"净流入"状态。此表中的数据也是随原始数据表中的数据的变动而自动更新的,非常方便!

本章内容小结

善于使用数据透视表以及切片器、灵活运用函数,将使我们提高工作效率,帮助我们在竞争日渐激烈的职场中崭露头角,得到更多宝贵的晋升机会。

提高篇

分析报告，体现HR价值

随着信息技术的发展，很多企业上线了EHR系统，传统的数据收集、核算等基础工作，逐渐交由成熟的系统完成。企业的HR需要将更多精力投入为企业创造更大价值的业务。掌握数据分析的技能，快速响应企业发展需求，为企业经营决策提供有力支撑，是更加明智的选择。

第 12 章

HR 如何体现价值

- 一份好的人力资源分析报告是什么样的?
- 有哪些好的分析思路和方法?
- 如何让人力资源分析助力企业发展?

人力资源分析可以反映企业一定时期内的人力资源状况，从不同方面对这些情况进行分析，并提出改进的意见和建议，可助力企业的发展。

大部分 HR 完成日常工作毫无问题，但一说起撰写人力资源分析报告，就纷纷摇头，认为那是 HR 总监的工作，难度很大。殊不知，随着对人力资源岗位能力要求的提高，很多基层 HR 的工作职责中也加入了人力资源分析的内容。既然避不开，倒不如以开放的心态来了解它、掌握它。

本章将重点介绍人力资源分析的思路和方法，下面就让我们一起学习吧！

12.1 了解公司组织架构，明确人力资源分析方向

12.1.1 了解公司组织架构

说起公司组织架构，大家都不陌生。下图是上海某科技有限公司的组织架构图。这是非常经典的公司组织架构，人员结构呈金字塔状分布，基层员工人数最多，中层主管人数次之，高管和 CEO 人数最少。

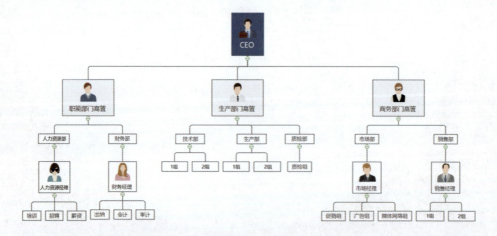

要了解公司组织架构，HR 不仅要了解这样一张总览图，还要深入了解每个部门的情况，如男女员工比例、学历、年龄、工龄等的构成，在职和离职人员的情况，离职人员的离职原因，以及主要业务情况等。

在对公司组织架构了解不充分的情况下，HR 想写出一份好的人力资源分析报告，无异于痴人说梦。很多 HR 就是因为对其了解不够而"踩坑"，看到

数据后，就根据自己以往的学习或工作经验去分析，得出的结论与公司的实际情况差距甚远，根本立不住脚。

而那些深入了解公司组织架构的 HR 写出来的分析报告往往是从实际出发的，给出的意见或建议才有价值。

例如，同样是分析上海某科技有限公司的员工学历结构是否合理，小李和罗斯就给出了不同的分析和建议。

下图展示了该公司 2020 年 6 月与 2019 年同期的人员学历结构。

	A	B	C	D	E	F	G	H	I	J	K
1	学历	博士研究生		硕士研究生		大学本科		大学专科		大专以下	
2	时间	2019年6月	2020年6月	2019年6月	2020年6月	2019年6月	2020年6月	2019年6月	2020年6月	2019年6月	2020年6月
3	人数	2	3	9	10	71	75	82	109	20	19
4	年增长率		50.00%		11.11%		5.63%		32.93%		-5.00%

小李拿到这份数据后，一看大学专科学历的员工人数是增长最多的，第一印象就觉得这是不应该的，现在的公司不是普遍鼓励招收学历为大学本科及以上的员工吗？

小李不去了解公司的组织架构，也不去了解各个部门的人员学历结构变化情况，就急于撰写分析和建议了。

 小李的分析和建议

截至 2020 年 6 月，公司大学专科学历的员工人数与去年同期相比增长了 32.93%。

原因：2020 年公司招聘门槛低了很多，导致大学专科学历的员工人数大量增长。

建议：尽量减少大学专科学历员工的招聘数量，不然会造成公司低学历员工比重的增加，不利于公司的长远发展。

罗斯拿到这份数据后，对于大学专科学历的员工人数增长较快，心里也是有疑问的。于是，她花了一些时间了解了公司的组织架构、公司主要业务情况，收集了每个部门的人员学历构成变化情况，得到如下比较详细的学历统计表。

	博士研究生		硕士研究生		大学本科		大学专科		大专以下	
部门	2019年6月	2020年6月	2019年6月	2020年6月	2019年6月	2020年6月	2019年6月	2020年6月	2019年6月	2020年6月
财务部	0	0	0	1	9	10	0	0	0	0
采购部	0	0	0	0	9	9	6	6	1	1
行政部	0	0	1	1	5	5	3	3	9	8
技术部	0	1	3	3	9	9	6	6	1	1
品管部	0	0	0	0	8	8	2	2	2	2
人事部	0	0	1	1	8	9	2	2	4	4
生产部	0	0	2	2	9	9	53	81	1	1
销售部	0	0	1	1	13	15	10	9	2	2
总经办	2	2	1	1	1	1	0	0	0	0
合计	2	3	9	10	71	75	82	109	20	19
年增长率		50.00%		11.11%		5.63%		32.93%		-5.00%

有了这份学历统计表，再加上收集这些数据时，向生产部经理了解的生产部的业务情况，罗斯心里有底了，放心地撰写了如下分析和建议。

> **罗斯的分析和建议**
>
> 截至 2020 年 6 月，公司大学专科学历的员工人数与去年同期相比增长了 32.93%。
>
> 原因：2020 年公司经营日渐稳定、订单增多，生产部开始大力扩招，而生产部的生产人员学历普遍都是大学专科，导致公司大学专科学历的员工人数大量增长。
>
> 建议：加强生产部新入职员工的企业文化培训，并进行相应的生产技能培训，提高他们对公司的忠诚度和满意度。

明明给的是同一份数据，最后两个人的分析和建议怎么差距这么大！

是的，这就是对公司组织架构不了解和了解的区别。以后，看谁敢不了解就开写。

假如你是这家公司的 CEO，看完这两份人力资源分析报告，你会青睐谁呢？罗斯，对吗？因为她对公司组织架构更了解，给出的建议切实可行。而小李在还不了解公司组织架构的情况下，就急于撰写分析结论，给出的建议即使看似合理，但因为本公司情况特殊，也无法适用。

此外，HR 要向罗斯学习，除了深度了解公司组织架构、清楚公司人力资源相关数据，还要对公司的主营业务情况、行业发展情况、同行业竞争情况、宏观经济环境等有一定的了解，写出的人力资源分析报告才会有深度。

我们要牢记：人力资源分析不是单纯的数据分析，必须先深入了解公司的人员管理、经营管理等状况。

12.1.2 明确分析方向

方向不对，努力白费。除了深入了解公司组织架构，我们还需要从一开始就明确人力资源分析的方向。

那怎样明确人力资源分析的方向呢？公司所处的发展阶段及公司的工作重心决定着人力资源分析的方向。

企业处于不同的发展阶段，HR 的工作重点自然不同，如下图所示。

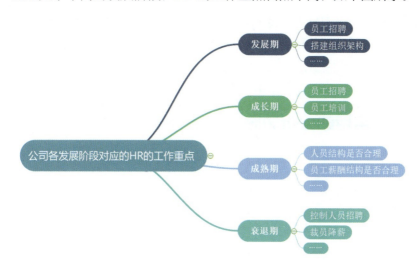

公司的工作重心不同也决定了人力资源分析的侧重部门不同，如下页图所示。

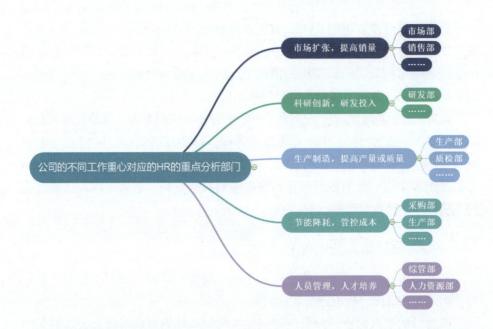

需要注意的是，一家公司在同一时期的工作重心可能有多个。HR 需提前将公司的工作重心弄清楚，然后进行重点分析。

所以，我们在做分析前要做足准备工作，了解清楚公司所处阶段及工作重心，主要分析公司的重点工作，淡化对非重点工作的分析，这样可使人力资源分析报告重点突出，真正契合公司的管理需求。

12.2 常用的分析思路

对于人力资源分析报告而言，清晰的分析思路是它的灵魂。那常用的人力资源分析思路是怎样的？下面用一张图来告诉你。

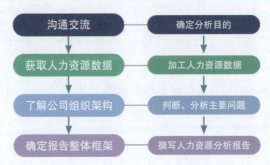

通过上图，我们可以得出如下分析思路。

首先，通过沟通交流，确定分析目的。

其次，获取人力资源数据是 HR 可以轻松做到的；深入了解公司组织架构的方法在本书 12.1.1 小节已经具体讲过；报告整体框架就是我们决定要采取哪一种行文模板。

最后，我们利用在本书中所学的 Excel 技能来加工人力资源数据，也是没有问题的；这里的难点在于，如何判断和分析主要问题；只要找出主要问题并对其进行分析，我们就能轻松撰写出令人满意的人力资源分析报告了。

那应该如何判断和分析主要问题呢？请看下图。

我们在做人力资源分析时主要遵循"判断主要问题—分析主要原因—给出合理建议"的原则。

做人力资源分析时，我们要始终牢记抓住主要矛盾，突出重点问题，切忌长篇大论，把所有指标全部分析一遍。那样看似工作勤勉认真，实则没有深度，是在泛泛而谈，很难让人看到问题所在。

比率原则、重要性原则、比较分析法这些都是什么意思啊？

下面就以上海某科技有限公司 2020 年 6 月员工入职和离职变化数据为例，解释这 3 个概念和对应的分析方法。

部门	期初人数	入职	离职	期末人数	人员增减额	人员增长率	离职率
财务部	8	1	0	9	1	12.50%	0.00%
采购部	15	3	1	17	2	13.33%	5.56%
行政部	10	1	1	10	0	0.00%	9.09%
技术部	9	2	1	10	1	11.11%	9.09%
品管部	7	2	2	7	0	0.00%	22.22%
人事部	9	2	1	10	1	11.11%	9.09%
生产部	95	35	12	118	23	24.21%	9.23%
销售部	25	4	5	24	-1	-4.00%	17.24%
总经办	2	0	0	2	0	0.00%	0.00%
合计	180	50	23	207	27	15.00%	10.00%

人员增减：正数代表增加，负数代表减少。

> **提示** 一般情况下，员工的月离职率为3%~10%是正常的。生产型企业、餐饮服务企业的月离职率稍微高一点儿，其他类型企业的稍微低一点儿。本例中，离职率=离职人数/（期初人数+入职人数）。

何为比率原则？打个比方，我们在做人员变动分析的时候，把月离职率超过10%作为评价指标。符合条件的就被列为重点分析对象。

该公司的品管部和销售部的月离职率分别为22.22%和17.24%，应该将这两个部门列为重点分析对象。

部门	期初人数	入职	离职	期末人数	人员增减额	离职率
品管部	7	2	2	7	0	22.22%
销售部	25	4	5	24	-1	17.24%

比率原则仅从数据角度进行了筛选，并非一定能够揭示出人员流动的全部异常，因此还需要兼顾重要性原则。员工月离职率不足10%但离职员工人数超过5个的，也应被列为重点分析对象。

根据该公司所处阶段，生产部和销售部为本期重点关注的部门，其中销售部根据"比率原则"已经被列入重点分析对象了，这里就不必再看。而生产部本月员工月离职率为 9.23%、离职员工人数有 12 个，达到月离职率不足 10% 但离职员工人数超过 5 个的条件，也应被列为重点分析对象。

部门	期初人数	入职	离职	期末人数	人员增减额	离职率
生产部	95	35	12	118	23	9.23%

在做人力资源分析时，我们可以采用比较分析法（例如本年当期与上年同期比较，或者期末与期初比较），从增长额（绝对数）、增长率（相对数）两方面进行比较，以找出异常变动，对异常变动进行分析，找出背后的原因，从而给出合理的建议。

该公司也使用了比较分析法，从增长额和增长率来分析，见右图。

部门	人员增减额	人员增长率
财务部	1	12.50%
采购部	2	13.33%

经过上述的分析，清晰的人力资源分析思路，你心中有了吗？

12.3　站在领导角度分析，指出问题，提出建议

HR 站在自己的角度看问题和站在领导的角度看问题，得到的结果有可能是完全不一样的。

下面以上海某国际旅行社有限公司的离职分析为例，看一下 HR 和领导看问题的角度有什么不同。

💬 站在 HR 的角度分析

公司 2020 年 4 月的月离职率为 35%，与去年同期的 8% 相比增加了 27 个百分点；离职员工人数为 133 人，与去年同期的 30 人相比约增长了 343.33%。

分析：受物价上涨影响，本地员工相对稳定，外地员工大部分未返回上海，导致离职员工人数和月离职率猛增。

建议：月离职率异常高，以后尽量招聘本地员工。

💬 站在领导的角度分析

公司 2020 年 4 月的月离职率为 35%，与去年同期的 8% 相比增加了 27 个百分点；离职员工人数为 133 人，与去年同期的 30 人相比约增长了 343.33%。

分析：受物价上涨影响，本地员工相对稳定，外地员工大部分未返回上海，导致月离职率和离职员工人数猛增。

建议：目前，公司国外和国内旅游业务都受到物价上涨冲击而停滞或减少，所以不急于招聘新员工，以现有员工维持运营，可以降低人工成本。

从上面的实例可以看出，在做人力资源分析时，如果只是站在 HR 的角度分析，得出的分析结果与公司现阶段的运营相关度不大，还有可能给出误导性的建议；而站在领导的角度分析，能综合考虑人工成本和未来一段时间的公司运营思路，比较符合公司需求。

HR 想要站在领导的角度分析，就要学会换位思考。既然要换位思考，那 HR 就要知道领导最在乎的问题——那些关乎企业发展的重要问题。除了直接询问领导是否有个性化需求，HR 也可以提前了解一些共性问题。这些共性问题一般有如下几个。

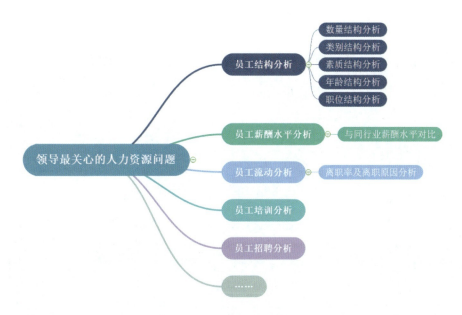

人力资源分析讲究"深入浅出",前面我们讲了"深入","浅出"指的就是让不懂人力资源的人也能看懂人力资源分析报告。因为一般情况下,很多领导不是人力资源专业出身,所以我们给领导看的分析报告要简单明了、通俗易懂,不要用太专业的术语,不要罗列大量的数据和报表,呈现最有价值的简表和结论就好。

12.4 美化分析报告,提升展示效果

不经任何美化或过度美化的人力资源分析报告,看起来或普普通通或"辣眼睛",虽然这不会改变报告的实际内容,但由于领导一般都工作繁忙,在打开报告后不能一眼被其吸引,便没有继续看下去的欲望。一份报告明明有很好的分析和建议,却因外观不达标而面临被雪藏的命运,着实可惜。

所以简洁美是我们对人力资源分析报告的终极追求。

在这一原则的要求下,分析报告的版面设计应简洁大方,图表类型的选择应该以最有利于展示内容为依据。另外,图表的主要配色最好不超 5 种,而且所有图表的配色方案应尽量统一,这样给人的感觉才会是前后一致、和谐舒适。

下图所示的图表布局就体现了简洁美。

此外，字体也要尽量统一，建议使用常见的字体类型，如微软雅黑等，尽量不使用生僻的字体类型。那些需要领导重点关注的事项的字体可以适当加粗加大或用特殊颜色标注，以便领导一眼就能看到。

第 13 章
经典分析图表制作

- 如何将数据可视化？
- 一份合格的图表应该怎么做？
- 商务图表应该怎么做？

13.1 让数据报告更直观的可视化工具

想让数据报告看起来更直观,我们就要将数据可视化。

Excel 提供了多种不同类型的图表,下面我们来看看几种常见图表及其应用。

🖱 柱形图及其应用

柱形图主要用来比较项目之间的相对大小,常用于对比分析,例如比较不同部门的在职员工人数、不同月份的离职人数等。

下图所示为神龙公司上半年各月的离职人数统计。

月份	1月	2月	3月	4月	5月	6月
离职人数	18	12	32	36	18	16

如果要对上图中的数据进行对比,就可以使用柱形图,如右图所示。

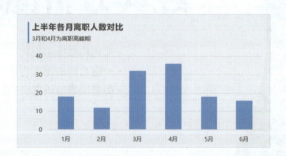

🖱 条形图及其应用

条形图和柱形图相似,也是用来比较项目大小的,可以将其看成旋转 90°的柱形图。当轴标签名称较长时,条形图的展示效果会更好。

右图所示为神龙公司上半年不同离职原因的离职人数统计。

离职原因	离职人数
不能一展所长	4
与领导、同事关系不融洽	6
回校深造	10
缺少晋升机会	12
辞退	13
福利待遇不满意	17
家庭原因	20
薪资低	23
找到更好的工作	27

如果要对上图中的数据进行对比，使用条形图的效果和使用柱形图的效果如下图所示。

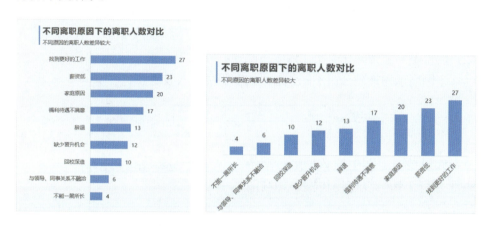

显然，由于有的轴标签名称比较长，所以条形图更利于查看。

折线图及其应用

折线图通常用来表示数据的变化趋势，展示数据随时间的变动而变化的情况。折线图常用于趋势分析，判定不同时间段内不同数据的变化趋势是上升还是下降，同时能确定数据的波峰和波谷。例如，分析一年内的离职人数的变化趋势、分析近几年平均薪资的变化趋势等。

下图所示为神龙公司 2020 年各月的离职人数统计。

月份	1月	2月	3月	4月	5月	6月	7月	8月	9月	10月	11月	12月
离职人数	18	12	32	36	18	16	19	18	16	17	16	18

要分析离职人数随月份变化的趋势，可以使用折线图，如下图所示。

饼图及其应用

饼图通常用来展示部分和整体之间的占比关系，进而分析出整体的数据特征和结构规律。饼图常用于结构分析，例如分析不同年龄段的在职员工人数占比、不同学历的在职员工人数占比等。

下图所示为神龙公司不同年龄段的在职员工人数统计。

年龄段	21~30	31~40	41~50	51~60
离职人数	81	98	59	42

如果要对上图中的数据进行结构占比分析，就可以使用饼图，如右图所示。

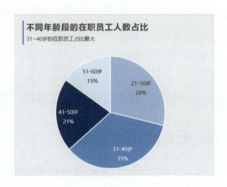

雷达图及其应用

在雷达图中，数据点的位置离圆心越远，表示数值越大，阅读者可**通过数据点向外扩张的程度来分析指标的大小**；将属于同一系列的各数据点相连，可形成一个封闭的区域，阅读者可以通过该区域的面积进行综合指标分析。

雷达图多用于多指标、多对象的综合分析，如对某岗位员工综合能力的分析等。

下图所示为神龙公司对销售助理的能力要求。

维度	执行力	表达力	沟通力	领导力	学习力
能力要求	5	3	5	2	4

如果要对上图中的数据进行分析，就可以使用雷达图，如右图所示。

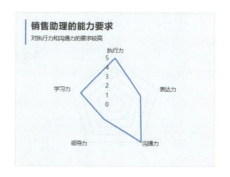

13.2 图表的制作方法

在 Excel 中制作图表很简单：选中数据区域，切换到【插入】选项卡，单击【图表】组中的【对话框启动器】按钮，打开【插入图表】对话框，从【所有图表】列表框中选择一种合适的图表即可。

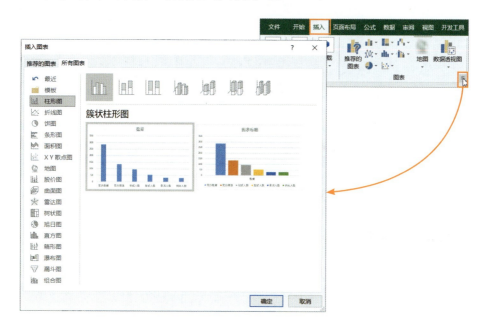

图表中的主要元素如下图所示。

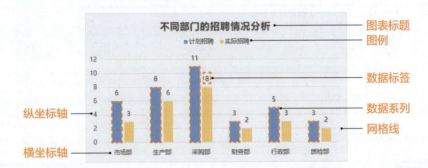

添加或删除图表元素

如果想要在图表中添加其他图表元素，操作很简单：选中图表，单击图表右上角的【图表元素】按钮，勾选需要的图表元素前面的复选框即可。

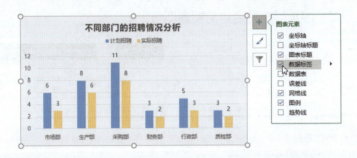

如果想要删除图表中不需要的图表元素，一种方法是直接选中该图表元素，按【Delete】键删除；另一种方法是单击【图表元素】按钮，取消勾选不需要的图表元素前面的复选框。

编辑数据系列

数据系列是一组数据点，一般就是工作表中的一行或一列数据。例如，在柱形图中，颜色相同的矩形就是一个数据系列；在折线图中，每条折线就是一个数据系列。

编辑数据系列的颜色时，只需选中某个数据系列，单击鼠标右键，在弹出的快捷菜单中选择【设置数据系列格式】菜单项，打开【设置数据系列格式】任务窗格，然后设置数据系列的填充颜色和边框颜色。还可以设置数据系列的系列重叠和间隙宽度等。

编辑数据标签

图表中的数据标签在每个数据点的附近显示，显示的内容可以根据具体需求来设置。

添加数据标签后，选中数据标签，单击鼠标右键，在弹出的快捷菜单中选择【设置数据标签格式】菜单项，打开【设置数据标签格式】任务窗格，设置标签内容、标签位置和数字格式等。

设置坐标轴格式

一般情况下，图表都有两个坐标轴，即横坐标轴和纵坐标轴，可以分别用来表示分类名称或数值。

坐标轴的格式可以在【设置坐标轴格式】任务窗格中设置。

13.3 图表制作与美化实战

13.3.1 柱形图

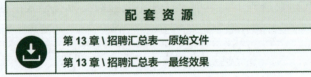

01» 打开本实例的原始文件，选中数据区域 A1:C7，创建一个簇状柱形图。

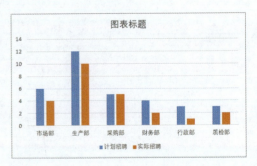

02» 编辑图表标题。选中图表标题,将图表标题更改为"招聘人数对比分析",然后将其字体格式设置为"微软雅黑""14""加粗"。

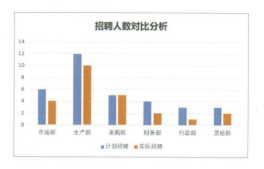

03» 编辑图例。选中图例,单击鼠标右键,❶在弹出的快捷菜单中选择【设置图例格式】菜单项,打开【设置图例格式】任务窗格,❷选中【图例位置】栏中的【靠上】单选钮,然后将图例的字体设置为"微软雅黑"。

  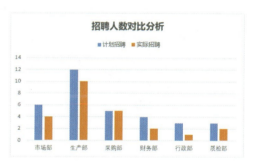

04» 编辑数据系列。选中数据系列,打开【设置数据系列格式】任务窗格,将"计划招聘"数据系列的填充颜色设置为"蓝色,个性色1,淡色80%",在【边框】组中选中【实线】单选钮,轮廓颜色设置为"蓝色",【宽度】为"1磅";将"实际招聘"数据系列的填充颜色设置为"蓝色",在【边框】组中选中【无线条】;切换到【系列选项】,将【间隙宽度】调整为"120%"。

 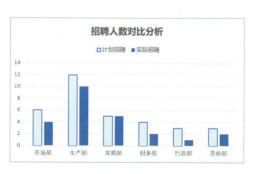

05» 图表中有两个数据系列,一个是计划招聘,另一个是实际招聘,将两者进行对比的目的是查看是否完成计划招聘目标。为了使图表更好地体现这一目的,可以将两个数据系列重叠在一起。

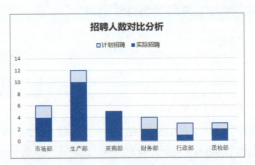

06» 两个数据系列重叠后,可以发现,如果实际招聘人数大于或等于计划招聘人数,图表中就显示不出代表计划招聘的矩形了(如采购部),此时就需要将两个数据系列设置为不同的坐标轴,并将【间隙宽度】设置为不同的数值。此处将"实际招聘"数据系列设置为次坐标轴,然后将其【间隙宽度】设置为"180%"。

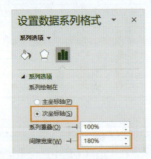
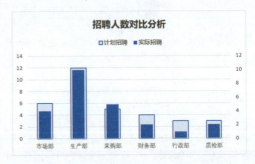

07» 依次将两个坐标轴的【边界】栏的【最大值】设置为"15.0",【单位】栏的【大】设置为"3.0"。

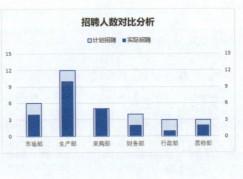

第13章　经典分析图表制作　231

08» 由于两个纵坐标轴的数值是完全一样的，可以将次纵坐标轴删除，然后将两个坐标轴的字体设置为"微软雅黑"，并将图表区填充为"白色，背景1，深色5%"。

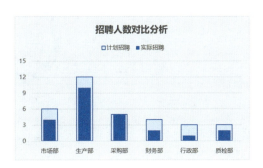

13.3.2 圆环图

看到百分比数据时，通常 HR 的第一反应是应用饼图或者圆环图，但是如果直接根据下图所示数据创建饼图或圆环图，表现的是各月占总体的百分比，而此处需要体现的是各月的招聘完成率。这时需要添加一个辅助行，然后根据各月数据依次创建饼图或圆环图。

月份	1月	2月	3月	4月	5月	6月
招聘完成率	89%	66%	82%	88%	78%	80%

配 套 资 源

第 13 章 \ 各月招聘完成率—原始文件

第 13 章 \ 各月招聘完成率—最终效果

请观看视频

01» 打开本实例的原始文件，添加辅助行，选中数据区域 B2:B3，插入一个圆环图。

02» 编辑图表标题。选中图表标题,将图表标题更改为"1月招聘完成率",然后将其字体格式设置为"微软雅黑""14""加粗"。

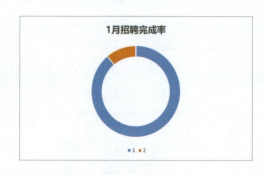

03» 删除图例。当前圆环图需要表现的是1月招聘完成率,图表标题已经清晰地说明了,数据点2只是辅助数据系列,因此直接将图例删除就可以了。

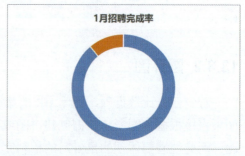

04» 编辑数据系列。选中数据点2,打开【设置数据点格式】任务窗格,将其填充颜色设置为"白色,背景1,深色25%",然后适当调整【圆环图圆环大小】,此处将其调整为"80%"。

 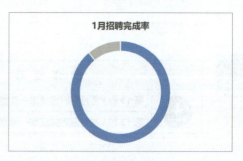

05» 直接为图表添加数据标签,系统会自动添加两个数据点的数据标签,而此处只需要数据点1的数据标签,故可以通过文本框的形式插入数据标签。选中图表,在图表中插入一个横排文本框,然后选中文本框,在编辑栏中输入"=",选中单元格B2,按【Enter】键完成输入,即可引用单元格B2中的内容,将文本框中的文字的字体格式设置为"微软雅黑""14"。

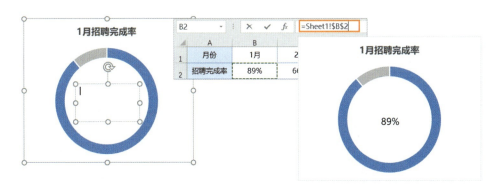

06» 按照相同的方法，为其他各月绘制招聘完成率圆环图，最终效果如下图所示。

13.3.3 组合图

有时候单一的图表类型无法满足数据的多元化展示需求，例如通过图表同时展示实际招聘人数和招聘完成率。

	A	B	C	D
1	部门	计划招聘	实际招聘	完成率
2	市场部	6	4	67%
3	生产部	12	10	83%
4	采购部	5	5	100%
5	财务部	4	2	50%
6	行政部	3	1	33%
7	质检部	3	2	67%

下页图展示的是分别使用柱形图和折线图同时展示实际招聘人数和招聘完成率的情况，可以发现，不管是柱形图还是折线图，数据系列"完成率"都不能被很好地展示。

HR 精英这样用

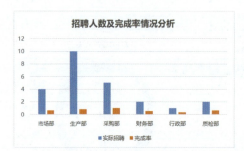
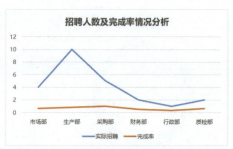

这是因为数据系列"实际招聘"和"完成率"的数据不在一个数据量级上，纵坐标轴的数值是根据数据量级较大的"实际招聘"来界定的，导致"完成率"基本都处于最小值附近，不能清晰地表现"完成率"的大小。在这种情况下，我们就需要考虑使用双坐标轴，同时，可以为不同的数据系列应用不同的图表类型，例如使用柱形图和折线图的组合图。具体操作步骤如下。

01 » 打开本实例的原始文件，❶选中数据区域 A1:A7 和 C1:D7，❷切换到【插入】选项卡，❸在【图表】组中单击【组合图】按钮，❹在弹出的下拉列表中选择【簇状柱形图 - 折线图】选项，即可创建一个簇状柱形图和折线图的组合图。

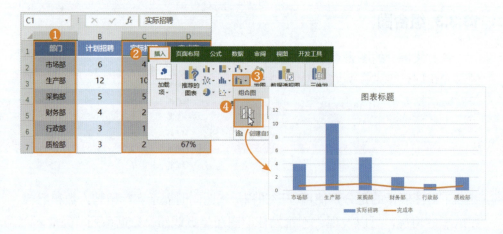

02» 编辑图表标题和图例。将图表标题更改为"招聘人数及完成率情况分析",并将其字体格式设置为"微软雅黑""14""加粗"。将图例移动到图表靠上的位置,将其字体设置为"微软雅黑"。

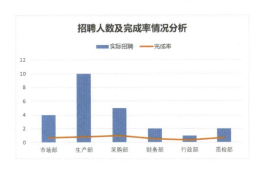

03» 编辑数据系列。选中"完成率"所在的数据系列,打开【设置数据系列格式】任务窗格,选中【系列绘制在】栏中的【次坐标轴】单选钮。

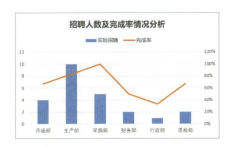

04» 依次设置图表的坐标轴,将其字体设置为"微软雅黑",然后将图表的背景颜色设置为"白色,背景1,深色5%"。

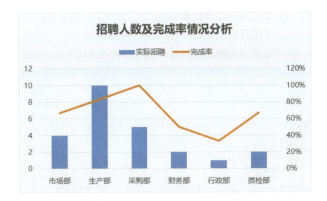

组合图虽然没有华丽的展示效果,但是其清爽的显示风格使其在商务图表中仍有一席之地。制作组合图没有那么多烦琐的步骤,是HR的必备技能之一。

第14章

绩效考核分析看板制作

- 如何确定分析指标?
- 如何根据分析指标设计数据看板结构?
- 灵活运用图表,让你的看板更出彩。

第14章 绩效考核分析看板制作

数据看板是一种通过一定的布局结构，将有关联的多个单一指标的报表或图表集中显示在同一区域内的数据呈现形式。

为了更好地把控绩效考核整体水平，公司通常会设置绩效考核成绩的目标数据，将实际绩效考核成绩与之对比，先查看整体的实际绩效考核成绩分布与目标绩效考核成绩分布的差异，然后查看各个部门的实际绩效考核成绩分布与目标绩效考核成绩分布是否有差异。为了方便分析、查看，就需要采用数据看板来集中展示这些数据。

虽然绩效考核的内容因公司的不同而有所不同，但是其数据看板的基本结构是大同小异的，大多采用"总—分结构"：先展示整体数据，然后展示具体的数据。下图所示为一个数据看板示例。

14.1 确定分析指标及数据看板结构

公司的绩效考核成绩可以分为几个等级，且等级的分布通常需满足正态分布，因此绩效考核数据的核心指标是绩效考核成绩的等级分布。

由于绩效考核成绩通常按部门评定，因此整体绩效考核成绩的等级分布与各部门的也会有差异。为了更客观地评价公司员工的绩效考核成绩，我们还应该分析不同部门的绩效考核成绩的等级分布情况。

明确了分析指标后，我们就可以根据分析指标确定数据看板的结构了。

数据看板中不仅要展示分析指标，还应该有辅助指标和一些相关指标，让他人更容易看懂。

在绩效考核分析中，分析指标是绩效考核成绩的等级分布，辅助指标是绩效考核的有效人数。他人在查看数据看板时，可能想要了解绩效考核的合格率，这些数据都要集中展示在数据看板中。根据数据看板中需要展示的内容，我们可以初步确定数据看板的基本结构，如下图所示。

14.2 确定绩效考核的有效人数

绩效考核的有效人数相当于绩效考核分析的样本数量，样本数量对结果的评定是有很大影响的，因此绩效考核的有效人数也要展示在数据看板中。

第14章 绩效考核分析看板制作

配 套 资 源

第 14 章 \ 绩效考核数据看板—原始文件
第 14 章 \ 绩效考核数据看板—最终效果

请观看视频

根据绩效考核的明细表，使用函数或数据透视表可以快速确定公司绩效考核的总有效人数以及各部门绩效考核的有效人数。此处我们通过函数来计算。

提取部门名称

01» 打开本实例的原始文件，❶新建"汇总表"工作表，❷在"数据源"表中复制"部门"列，❸粘贴到"汇总表"的 A 列。

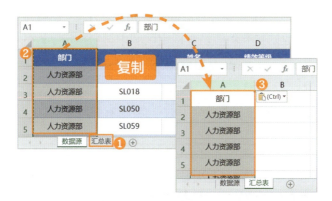

02» ❶切换到【数据】选项卡，❷在【数据工具】组中单击【删除重复值】按钮，弹出【删除重复值】对话框，❸勾选【数据包含标题】复选框，❹单击【确定】按钮。

03» 弹出【Microsoft Excel】提示框，提示已将重复值删除，单击【确定】按钮，返回工作表，即可将"数据源"表中的"部门"提取到"汇总表"中。

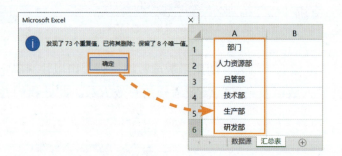

📱 计算各部门绩效考核的有效人数

计算各部门绩效考核的有效人数，就是计算"部门"字段满足某个条件的人数，这实际上是一个单条件计数问题，可以使用 COUNTIF 函数解决。

COUNTIF 函数的主要功能是对指定区域中**符合指定条件的单元格计数**。其语法格式如下。

> COUNTIF(匹配条件的数据区域 , 逻辑条件)

01» 在单元格 B1 中输入"人数"，在单元格 B2 中输入公式"=COUNTIF(数据源 !A:A, 汇总表 !A2)"，按【Enter】键完成输入，即可得到人力资源部绩效考核的有效人数，将公式不带格式地向下填充到下面的单元格区域中，即可得到其余部门绩效考核的有效人数。

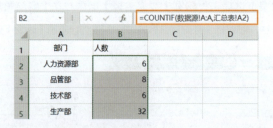

02» 计算公司绩效考核的总有效人数。在单元格 A10 中输入"合计"，然后选中单元格 B10，❶切换到【公式】选项卡，❷在【函数库】组中单击【自动求和】按钮的上半部分，按【Enter】键完成输入，即可得到公司绩效考核的总有效人数。

第14章 绩效考核分析看板制作

将绩效考核的有效人数展示在数据看板中

绩效考核的有效人数在数据看板中的作用是给出样本数量，不需要我们对其进行分析，因此直接使用表格展示即可。我们可以直接在数据看板中绘制文本框，然后将部门和对应的有效人数通过单元格引用的方式引用到文本框中。

01》 在工作簿中新建一个工作表，并命名为"数据看板"，然后在工作表中绘制一个矩形，并调整其大小、位置和颜色等，绘制一个文本框，输入看板名称、日期及制作部门等信息。接下来在数据看板中添加有效人数。首先绘制一个文本框，并设置文本框的大小、填充颜色、轮廓颜色及对齐方式等，具体参数参考下图。

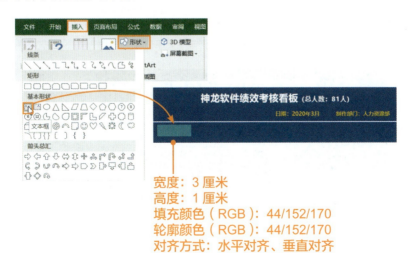

宽度：3 厘米
高度：1 厘米
填充颜色（RGB）：44/152/170
轮廓颜色（RGB）：44/152/170
对齐方式：水平对齐、垂直对齐

02» 复制一个文本框,将其填充颜色更改为无填充,并将两个矩形组合为一个整体。然后复制7个组合后的矩形,将其合理分布在数据看板中。

03» 选中第1个文本框,将光标定位到编辑栏中,输入"=",然后选中"汇总表"中的单元格A2,按【Enter】键完成输入,即可将"汇总表"中单元格A2的值引用到文本框中。

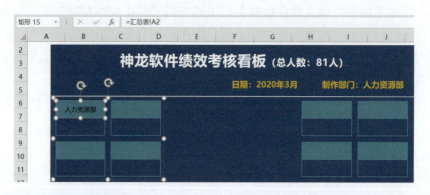

04» 按照相同的方法,在其他文本框中依次引用"汇总表"中对应单元格的值。引用完毕后,将文本框中的字体颜色设置为"白色,背景1",字体大小设置为"13"。

第14章 绩效考核分析看板制作 243

14.3 展示绩效考核的合格率

绩效考核的合格率是绩效考核结果中一个重要的指标,需要在绩效考核数据看板中展示。

14.3.1 计算绩效考核的合格率

配套资源
第 14 章 \ 绩效考核数据看板 01—原始文件
第 14 章 \ 绩效考核数据看板 01—最终效果

请观看视频

例如,某公司的绩效考核成绩分为 4 个等级:A、B、C、D。其中 A 代表优秀,B 代表良好,C 代表一般,D 代表不合格,计算合格率就是计算绩效等级为 A、B、C 的有效人数占总有效人数的比例,这就需要先计算出不同绩效等级的有效人数。

计算不同绩效等级的有效人数,就是计算绩效等级满足某个条件的人数,这实际上也是一个单条件计数问题,可以使用 COUNTIF 函数解决。

01» 打开本实例的原始文件,切换到"汇总表"中,在单元格区域 C9:F9 中依次输入绩效等级 "A""B""C""D",在单元格 C10 中输入公式"=COUNTIF(数据源 !$D:$D, 汇总表 !C9)",按【Enter】键完成输入,即可得到绩效等级为 A 的有效人数,将公式不带格式地向右填充到后面的单元格区域,即可得到其余绩效等级对应的有效人数。

02» 计算合格率。在单元格 A11 中输入文字"绩效考核合格率",在单元格 B11 中输入公式 "=(C10+D10+E10)/B10*100%",按【Enter】键完成输入,即可得到绩效考核的合格率,并设置单元格 B11 的数字格式,使其显示为百分比形式。

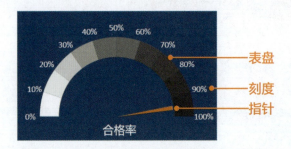

14.3.2 使用仪表盘展示绩效考核的合格率

仪表盘简单直观，是一种重要的图表，一般用于展示某项指标的达成情况。

仪表盘通常可以分为 3 部分——表盘、刻度和指针，如下图所示。

仪表盘的制作并不复杂，它其实就是一个由饼图和圆环图组成的组合图表。

🖱 制作表盘

表盘实际上是一个被分成了 11 部分的圆环图，其中前 10 部分各占圆环的 1/20，最后 1 部分占圆环的 1/2。而一个完整圆环的一周是 360°，那么用来制作表盘的就应该是 10 个 18°的部分、1 个 180°的部分。

01» 打开本实例的原始文件，在"汇总表"中建立表盘的数据源。然后激活"数据看板"表，❶切换到【插入】选项卡，❷在【图表】组中单击【插入饼图或圆环图】按钮，❸在弹出的下拉列表中选择【圆环图】选项。

第14章 绩效考核分析看板制作

02» ❶切换到【图表工具】栏的【设计】选项卡，❷在【数据】组中单击【选择数据】按钮，弹出【选择数据源】对话框，❸设置【图表数据区域】为"=汇总表!$H$1:$H$12"。

03» 单击【确定】按钮，即可在"汇总表"中插入一个"表盘"。此时图表的绘图区的填充颜色和轮廓颜色默认都是白色，此处，将其分别设置为无填充、无轮廓。

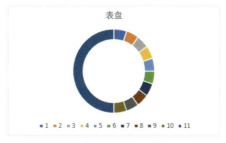

但是现在表盘的起始位置是不对的。这是因为在创建饼图和圆环图时，数据都是从钟表 12 点的位置开始放置的，如下图所示。

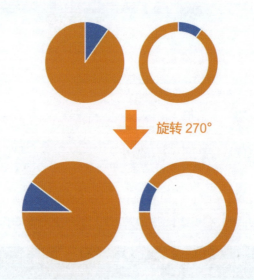

而我们需要的表盘的起始位置应是钟表 9 点钟的位置，因此，在制作表盘时，我们需要将圆环图和饼图的【第一扇区起始角度】设置为"270°"。

04 » 选中图表的数据系列，单击鼠标右键，在弹出的快捷菜单中选择【设置数据系列格式】菜单项，打开【设置数据系列格式】任务窗格，将【第一扇区起始角度】设置为"270°"。此时，图表已经旋转到我们需要的位置了。

 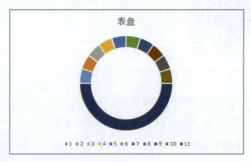

05 » 删除图表标题和图例，将占比最大的数据系列的填充颜色设置为无填充，其他数据系列的填充颜色设置为不同的灰色，并把所有数据系列的轮廓设置为无轮廓。

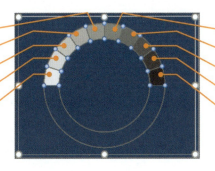

🖱 制作刻度

制作仪表盘的刻度本质上就是为圆环图增加一个辅助数据系列。

仪表盘上与表盘一一对应的是刻度，因为要一一对应，所以刻度盘也应该被分为11部分，即10个18°的部分，1个180°的部分，对应的刻度数为0%~100%。刻度盘和刻度数对应的数据源如右图所示。

	H	I	J
1	表盘	刻度盘	刻度显示
2	18	18	0%
3	18	18	10%
4	18	18	20%
5	18	18	30%
6	18	18	40%
7	18	18	50%
8	18	18	60%
9	18	18	70%
10	18	18	80%
11	18	18	90%
12	180	180	100%

但是这样得到的仪表盘，刻度数会显示在刻度盘上每个部分的中间位置，如右图所示。

而实际上，仪表盘中的刻度数应该显示在刻度盘上每个部分的起始位置，如右图所示。

HR 精英这样用 Excel

要调整刻度数显示的位置，我们需要在数据源中"刻度盘"列的每一行上方增加值为 0 的一行占位，才能使刻度数显示在每个部分的起始位置。刻度盘和刻度数对应的最终数据源如右图所示。

	H	I	J
1	表盘	刻度盘	刻度显示
2	18	0	0%
3	18	18	
4	18	0	10%
5	18	18	
6	18	0	20%
7	18	18	
8	18	0	30%
9	18	18	
10	18	0	40%
11	18	18	
12	180	0	50%
13		18	
14		0	60%
15		18	
16		0	70%
17		18	
18		0	80%
19		18	
20		0	90%
21		18	
22		0	100%
23		180	

制作刻度的具体操作步骤如下。

01» 打开本实例的原始文件，在"汇总表"中建立有关刻度的数据源（如上图所示）。激活"数据看板"表，选中图表，❶切换到【图表工具】栏的【设计】选项卡，❷在【数据】组中单击【选择数据】按钮。

02» 弹出【选择数据源】对话框，❶将【图表数据区域】设置为"= 汇总表 !$H$1:$I$23"，❷在【图例项】组中勾选【刻度盘】复选框，❸单击【水平（分类）轴标签】组中的【编辑】按钮，弹出【轴标签】对话框，❹将【轴标签区域】设置为"= 汇总表 !$J$2:$J$22"。

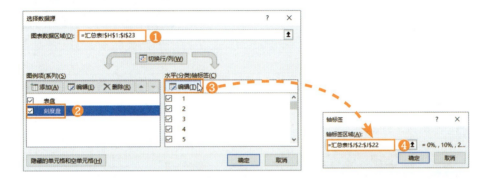

03» 单击【确定】按钮，返回【选择数据源】对话框，单击【确定】按钮，返回图表，即可看到表盘的外层增加了一层圆环，将新添加的圆环设置为无填充、无轮廓。

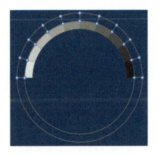

04» 在【图表布局】组中单击【添加图表元素】按钮，在弹出的下拉列表中选择【数据标签】▶【其他数据标签选项】选项，弹出【设置数据标签格式】任务窗格，取消勾选【值】复选框，勾选【类别名称】复选框。

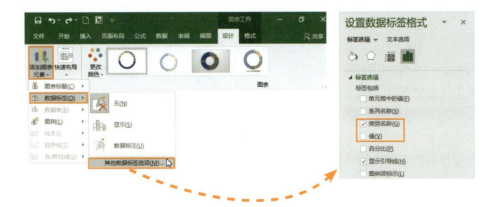

05» 返回图表，对数据标签进行适当设置，至此，仪表盘的刻度就做好了，效果如右图所示。

制作指针

配套资源

第 14 章 \ 绩效考核数据看板 04—原始文件
第 14 章 \ 绩效考核数据看板 04—最终效果

请观看视频

指针的位置代表的是绩效考核的合格率，我们可以通过饼图来实现，用饼图中**一个极小的扇区来模拟指针**，让指针的位置与绩效考核的合格率在仪表盘中的位置吻合即可。例如，在右图所示的饼图中，橙色扇区就可以作为指针。

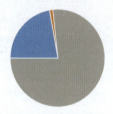

通过前面的分析，我们知道可以用饼图中的一个极小的扇区来模拟指针，而指针的位置应该随绩效考核的合格率的变化而变化，因此在模拟指针的扇区前面需要有一个代表合格率的扇区，剩余的部分作为一个扇区放置在用来模拟指针的扇区后面即可。分析清楚饼图中扇区的分布后，我们就可以**创建指针饼图的数据源**了。

要创建指针饼图，最关键的数据就是绩效考核的合格率，在前面我们已经将其计算出来了。接下来只要根据绩效考核的合格率来确定指针的位置就可以了。在确定指针的位置之前，我们需要明确的一点是：指针只能在饼图的上半部分移动，而不能出现在饼图的下半部分。

而一个完整饼图的一周是 360°，那么绩效考核的合格率覆盖的扇区的角度应该是**合格率 ×180°**，剩余的扇区的角度为 360°－合格率 ×180°，两者交界的位置即为指针位置，假设将指针所在扇区的角度定为 4°，为了使指针显示在中间位置，那么就需要从相邻扇区中各分出 2°。因此，第 1 个扇区的角度为 合格率 ×180° －2°，第 2 个扇区（指针）的角度为 4°，第 3 个扇区的角度为 360° －前两个扇区的角度之和。指针饼图的数据源如下图所示。

K
指针
169 ← = 合格率 *180-2
4
187 ← =360-K2-K3

根据指针饼图的数据源，在"数据看板"表中创建一个饼图，删除饼图中多余的图表标题和图例，将饼图的图表区设置为无填充、无轮廓，并将其【第一扇区起始位置】设置为"270°"，即可得到右图所示的饼图，橙色扇形即为指针。

将指针饼图移动至表盘环形图的位置，并适当调整其大小，使其与表盘环形图中间的圆基本重合，然后将指针饼图设置为无轮廓，并将指针饼图中除指针扇区之外的两个扇区设置为无填充，最后将两个图表组合为一个整体，这样仪表盘就做好了。为了便于识别，可以使用文本框为仪表盘添加上标题"合格率"。

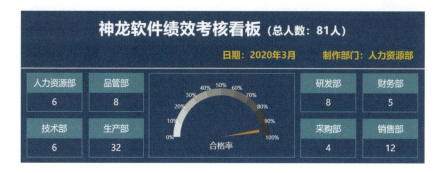

14.4 展示整体的绩效等级分布情况

在数据看板中，HR 不仅要展示整体的绩效等级分布情况，还要展示实际等级分布与目标等级分布的差异。

比较实际等级分布与目标等级分布属于对比分析，除了可以使用柱形图、条形图外，还可以使用雷达图。雷达图可以以中心为基点，通过向外扩张的程度来体现具体的等级分布情况。

配套资源

第 14 章 \ 绩效考核数据看板 05—原始文件
第 14 章 \ 绩效考核数据看板 05—最终效果

请观看视频

雷达图的制作步骤如下。

01» 打开本实例的原始文件，在"汇总表"中建立雷达图的数据源。根据已经计算出的不同绩效等级的人数和总人数，计算出不同绩效等级的占比，并在对应的单元格中输入目标占比。

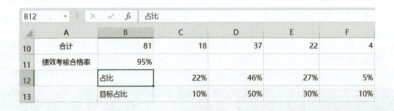

02» 在"数据看板"表中，❶切换到【插入】选项卡，❷在【图表】组中单击【瀑布图】按钮，❸在弹出的下拉列表中选择【雷达图】选项。

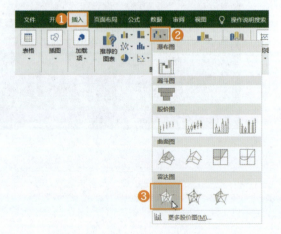

第14章 绩效考核分析看板制作

03» ❶切换到【图表工具】栏的【设计】选项卡，❷在【数据】组中单击【选择数据】按钮。弹出【选择数据源】对话框，❸将【图表数据区域】设置为"=汇总表!$B$12:$F$13"，❹单击【水平（分类）轴标签】组中的【编辑】按钮。

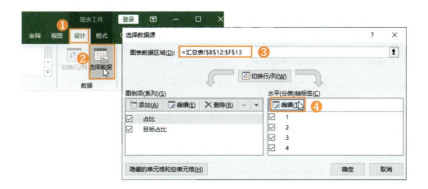

04» 弹出【轴标签】对话框，❶将【轴标签区域】设置为"=汇总表!$C$9:$F$9"，❷单击【确定】按钮，返回【选择数据源】对话框，❸单击【确定】按钮。

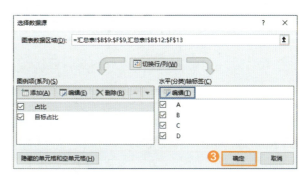

05» 返回工作表，即可看到创建的雷达图。

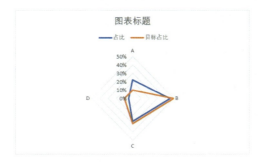

06» 为了使占比与目标占比的对比更明显，可以将目标占比的雷达图设置为填充雷达图。选中目标占比数据系列，❶切换到【图表工具】栏的【设计】选项卡，❷在【类型】组中单击【更改图表类型】按钮，弹出【更改图表类型】对话框，❸将【目标占比】的图表类型更改为【填充雷达图】，❹单击【确定】按钮。

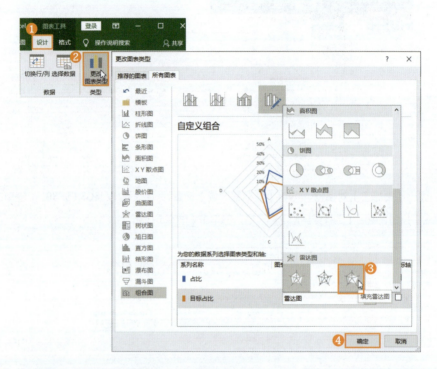

07» 返回图表，将图表设置为无填充，轮廓颜色设置为青绿色，并将图表中各元素的颜色设置为白色，然后依次设置两个数据系列的填充颜色、轮廓等。

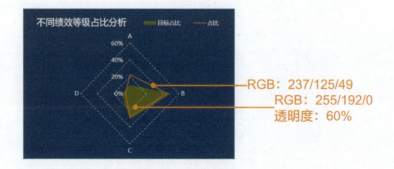

第14章 绩效考核分析看板制作 255

08» 为了使数据看板中整体绩效考核的分布人数和占比表现更全面,可以将不同等级的人数和占比通过圆环图展示在数据看板中(具体操作方法可参考本书 13.3.2 小节)。

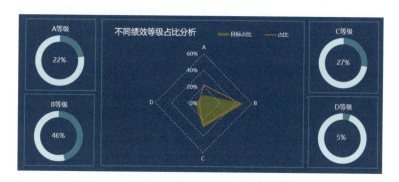

14.5 分析不同部门的绩效等级分布情况

分析不同部门的绩效等级分布情况属于联动分析,进行联动分析常用的方法就是使用数据透视表和数据透视图。

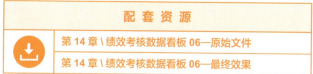

配套资源

第 14 章\绩效考核数据看板 06—原始文件

第 14 章\绩效考核数据看板 06—最终效果

请观看视频

创建数据透视表和数据透视图

01» 打开本实例的原始文件,在"数据源"表中,选中数据区域中的任意一个单元格,❶切换到【插入】选项卡,❷在【图表】组中单击【数据透视图】按钮的下半部分,❸在弹出的下拉列表中选择【数据透视图和数据透视表】选项。

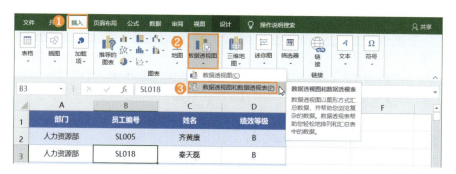

02» 弹出【创建数据透视表】对话框，❶选中【现有工作表】单选钮，❷将光标定位到【位置】文本框中，切换到"汇总表"中，选中看板区域中的一个空白单元格，例如单元格 A17，❸单击【确定】按钮。

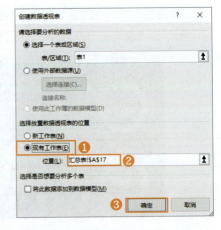

03» 此时在"汇总表"中已经创建好一个数据透视表和一个数据透视图的框架，并自动打开【数据透视图字段】任务窗格。

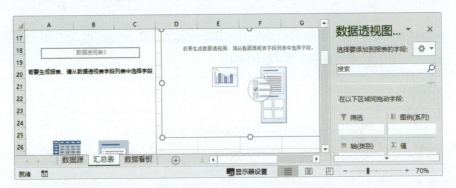

04» 打开【数据透视表字段】任务窗格。此处要分析的是不同部门的绩效等级占比情况，因此部门应该是可以筛选的，❶可以将其添加为切片器；而绩效等级则应该作为行，❷所以将绩效等级添加到行标签；需要计算的是人数，❸所以将员工编号添加到数值。

 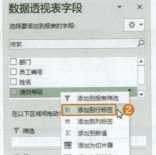 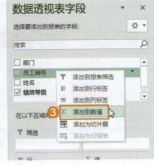

第14章 绩效考核分析看板制作 257

至此，数据透视表和数据透视图就创建完成了。

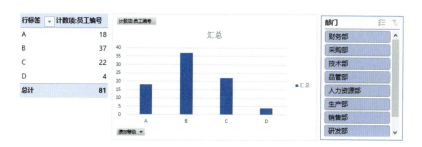

美化切片器

默认创建的数据透视表、数据透视图以及切片器与数据看板的契合度都比较低，我们需要对其进行适当美化，使其融入数据看板。

默认创建的切片器是纵向显示的，而切片器与数据透视表和数据透视图都是联动的，可以考虑将其改为横向显示，并放置在数据透视表和数据透视图的上方。

01» 将图表和切片器剪切到"数据看板"表中，选中切片器，切换到【切片器工具】栏的【选项】选项卡，在【按钮】组的【列】微调框中输入"8"（因为此处有 8 个部门），然后通过拖曳鼠标指针的方式，根据数据看板的界面大小适当调整切片器的宽度和高度。

接下来调整切片器的颜色、字体等。切片器的颜色、字体等需要在【切片器样式】组中设置。

02» ❶单击【切片器样式】组中的【其他】按钮，❷在弹出的下拉列表中选择【新建切片器样式】选项，弹出【新建切片器样式】对话框，❸在【名称】文本框中输入新的切片器名称，❹在【切片器元素】列表框中选择【整个切片器】选项，❺单击【格式】按钮。

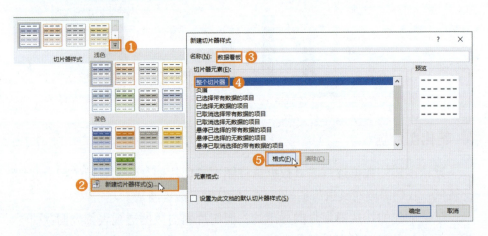

03» 打开【格式切片器元素】对话框，❶切换到【字体】选项卡，❷将【字体】设置为"微软雅黑"，❸【字形】设置为"常规"，❹【字号】设置为"12"，❺切换到【边框】选项卡，❻为切片器设置青绿色外边框。

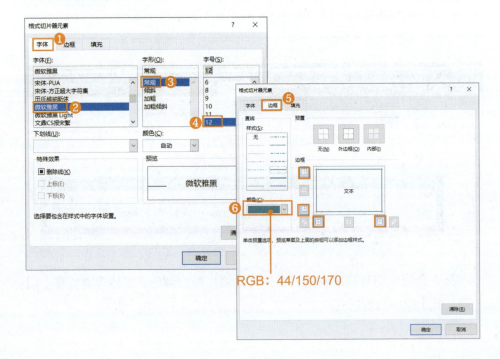

04» ❶切换到【填充】选项卡，❷单击【其他颜色】按钮，弹出【颜色】对话框，❸通过设置RGB色值，将切片器的填充颜色设置为与数据看板背景一致的颜色，❹单击【确定】按钮。返回【格式切片器元素】对话框，单击【确定】按钮。

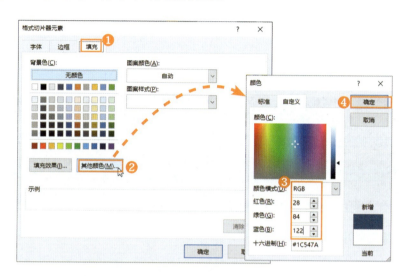

05» 返回【新建切片器样式】对话框，按照相同的方法设置其他切片器元素，设置完毕后，单击【确定】按钮。返回工作表，在【切片器样式】组中单击新建的切片器样式，即可使数据看板中的切片器应用新样式，效果如下图所示。

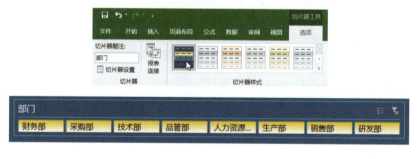

美化数据透视图

数据透视图在此是用来进行数据对比的，前面我们使用了雷达图，此处可以选择另一种图表：柱形图。但是如果使用普通的柱形图，由于数据系列比较少，会显得比较空，视觉效果不好，如下页图所示。

此处,我们可以将数据系列中的矩形换成山峰形状,来增强视觉效果。

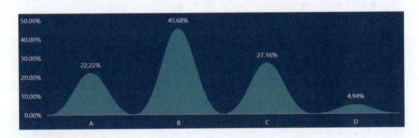

具体操作步骤如下。

01» 选中图表,❶切换到【插入】选项卡,❷在【插图】组中单击【形状】按钮,❸在弹出的下拉列表中选择【等腰三角形】,当鼠标指针变成十字形状时,按住鼠标左键不放,拖曳鼠标指针,在工作表的空白处绘制一个等腰三角形。

02» 选中等腰三角形,单击鼠标右键,❶在弹出的快捷菜单中选择【编辑顶点】菜单项,依次选中等腰三角形的两条腰,单击鼠标右键,❷在弹出的快捷菜单中选择【曲线段】菜单项,使等腰三角形的腰变成曲线。

第14章 绩效考核分析看板制作

03» 单击三角形底边的右端点,选中控制手柄,按住鼠标左键不放,向中间拖曳,用同样的方法将左端点向中间拖曳,即可将三角形调整为山峰形状。

04» 绘制好山峰形状之后,设置其颜色为 RGB:44/152/170。按【Ctrl】+【C】组合键复制山峰形状,然后在图表中选中数据系列,按【Ctrl】+【V】组合键粘贴山峰形状,效果如下图所示。

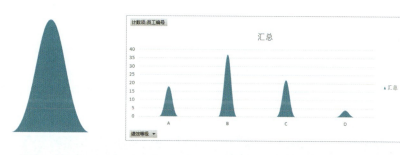

05» 设置数据系列的间隙宽度。选中数据系列,单击鼠标右键,❶然后在弹出的快捷菜单中选择【设置数据系列格式】菜单项,打开【设置数据系列格式】任务窗格,❷将【间隙宽度】设置为".00%"。

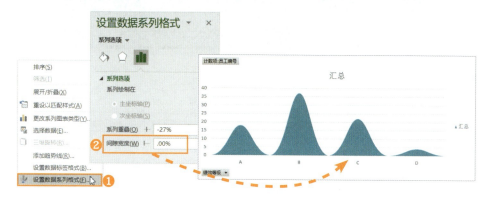

06» 目前图表中显示的是不同部门的不同绩效等级的人数，如果想查看占比，可以直接❶单击【数据透视图字段】任务窗格中的【值】列表框中的【计数项：员工编号】选项，❷在弹出的下拉列表中选择【值字段设置】选项，打开【值字段设置】对话框，❸切换到【值显示方式】选项卡，❹在【值显示方式】下拉列表中选择【列汇总的百分比】选项，❺在【基本字段】列表框中保持默认【部门】即可。

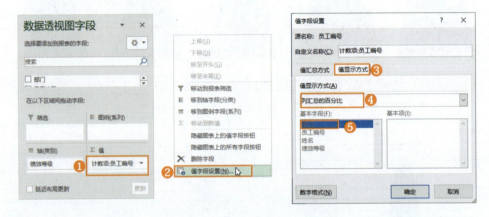

07» 单击【确定】按钮，即可显示不同部门绩效考核在不同等级的占比。删除图表中多余的元素，添加需要的元素，对图表进行美化，最终效果如下图所示。

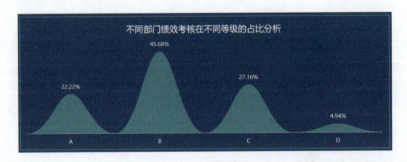